Die Magie des Raumes und der Zahl

Die heilige Mathesis

von

Dr. Ferdinand Maack

Weitere Bücher aus dem Bohmeier Verlag:

Gesamtherstellung: Bohmeier Verlag, Printed in Germany

Dr. med. Ferdinand Maack (* 1861 - † 1930) war praktischer Arzt, allgemein als esoterischer Schriftsteller bekannt und der Gründer einer Rosenkreuzer-Gesellschaft (Hamburg 1923). Er bezeichnete sich selbst als Xenologe, Stereosoph, Allomatiker und Rhodostaurologe (nach Miers). Das Buch erschien ursprünglich unter dem Titel „Die heilige Mathesis – Beiträge zur Magie des Raumes und der Zahl, 1930“. Wir konnten trotz ausführlicher Recherche keinen Rechteinhaber ausmachen. Sollte es dennoch Rechteinhaber geben, bitten wir um Nachricht.

ISBN 978-3-89094-614-6

Inhaltsverzeichnis

Vorwort

Das zweite Buch seiner „Geheimen Philosophie“ (= Magie) leitet *Agrippa* mit den Worten ein: *„Die mathematischen Wissenschaften stehen in einem so innigen Zusammenhang mit der Magie* und sind für diese so notwendig, dass, wer ohne dieselben sich mit der Magie befassen will, einen völlig falschen Weg einschlägt, sich umsonst abmüht und den gewünschten Erfolg niemals erlangt.“
An der Spitze der Mathematik steht nun aber *die Zahl.*
„Alles von Anbeginn der Dinge Erschaffene ist nach *Zahlenverhältnissen* geformt, die als *ein Vorbild in dem Geiste des Schöpfers* lagen ... Es wohnen deshalb den Zahlen große und erhabene *Kräfte* inne, und da schon in den natürlichen Dingen so viele und so große Kräfte verborgen sind, die sich durch ihre Wirkungen offenbaren, so darf man sich nicht wundern, dass in den Zahlen noch weit größere, erstaunlichere und wirksamere liegen, da ja die Zahlen an sich formaler, vollkommener, *im Himmlischen begründet,* nicht aus verschiedenen Substanzen gemischt sind und in der nächsten und einfachsten Beziehung zu den Ideen der göttlichen Vernunft stehen, von denen sie ihre wirksamsten Kräfte erhalten ... *Alles, was ist und wird, besteht durch bestimmte Zahlen und erhält von ihnen seine Kraft.* Die aus Zahlen hervorgegangenen Verhältnisse bilden durch *Linien* und *Punkte Charaktere und Figuren*, die für magische Operationen sehr geeignet sind ... *Plato* und andere erheben die Zahlen so sehr, dass sie glauben, es könne niemand ohne dieselben richtig philosophieren. Darunter verstehen sie aber nur die *reine* und formale Zahl, nicht die materielle, geschriebene oder ausgesprochene, also *nicht die Zahl der Kaufleute*, mit welch letzterer die Pythagoräer und Akademiker nichts zu schaffen haben wollten. Sie beschäftigen sich bloß mit dem aus der ersteren hervorgehenden *Verhältnis*, welches sie die natürliche, formale und *reine Zahl* nennen, *aus der allein die großen Geheimnisse hervorgehen,* sowohl in natürlichen als in himmlischen und göttlichen Dingen ... Die Kräfte der Zahlen liegen *nicht in den Wort- oder Handelszahlen*, sondern die Geheimnisse Gottes und der Natur sind in den *reinen*, formalen und natürlichen Zahlen enthalten ... vor allem aber ist hier zu bemerken, dass die *einfachen* Zahlen die *göttlichen* Dinge bezeichnen ...“
Aus diesen Worten des *Agrippa* kann man ohne weiteres entnehmen, dass die **Zahl** etwas **Heiliges** ist. Die Beschäftigung mit der „reinen“ Zahl (im Gegensatz zur Zahl der Kaufleute und des Handels), die *„heilige Mathesis“ ist Gottesdienst ...*

In diesem Sinne schickte ein anderer jüngerer Schriftsteller über Arithmosophie, Magie und Mystik, *Carl von Eckhartshausen*, seiner „Zahlenlehre der Natur“ (Leipzig 1794) folgende *„Notwendige Voraussetzungen“* voraus, die auch unsere aus den „Magischen Blättern“ (Talisverlag, Leipzig 1923/24) gesammelten Aufsätze begleiten mögen:

- *„Wer dieses Buch lesen will,* der lese mich, und nicht sich; das will sagen: – Er studiere das Innere, das in diesem Buche liegt, und beurteile es nicht nach seinen Meynungen und Schulbegriffen.
- *Wer dieses Buch verstehen will*, der schließe seinen Geist an den meinen an; bemühe sich, sich in die Sache hineinzudenken. Er bleibe nicht bey der Hülle der

Wörter stehen, und messe sie nicht mit dem Maaßstab der Vorurteile, sondern er vergleiche das, was ich sage, mit den Wahrheiten der Natur.

- *Wer dieses Buch widerlegen will*, der frage sich zuvor, ob er es auch recht verstanden habe; und findet er im ganzen nur *ein* Lichtfünkchen, so lese er es noch mal, und er wird ein zweytes finden.
- *Wer dieses Buch verbessern will*, der wird es verstanden haben, und dem sey warmer Dank; denn auch entdeckte Wahrheit ist Menschenwerk, und der Verbesserung unterworfen.
- *Wer dieses Buch verketzern will,* der kennt Gott, die Natur und das Christentum selbst nicht, und also noch weniger mein Buch, das über das Innere von diesen Dingen redet.
- *Wer dieses Buch verlachen will*, der hat kein Organ für höhere Wahrheiten. –

Dieses Buch ist geschrieben:

- *nicht* für leidenschaftliche Menschen, die nur ihr Selbst suchen;
- *nicht* für Stolze, die alles verachten;
- *nicht* für Eigensinnige, die nur ihren Meynungen anhangen;
- *nicht* für Dumme, die keine innere Kraft haben;
- *nicht* für die, die nicht selbst denken, sondern Sklaven der Meynungen und der Schulbegriffe sind;
- *nicht* für Witzlinge, die alles zu tadeln suchen;
- *nicht* für Narren, die alles verlachen;
- *nicht* für Schwärmer, die alles übertreiben;
- *nicht* für Boshafte, die alles verdrehen;

sondern es ist geschrieben für ruhige, unparteyische, stille Freunde und Sucher der Wahrheit."

Diese goldenen Worte *des heute zu wenig geschätzten „Lichtbruders"* Eckartshausen *möchte auch ich meinen Lesern ans Herz legen.*

Wenn sie aber stutzen und den Kopf darüber schütteln:

- dass die ihnen nur rechnerisch bekannte *Zahl* einen doppelten Aspekt hat, einen quantitativen und einen *qualitativen*;
- dass die Zahl nicht nur im gewöhnlichen Sinne etwas Formales, sondern auch etwas *Reales* ist, dass sie *„Substanz"* ist; ja,
- dass gerade *die Form „ist"* und ein sogenannter Inhalt (nur vorübergehend) „wird";
- dass wir Menschen und alles Kreatürliche (Natürliche) in einem *kosmischen Weltgitter* gefangen sitzen, das uns – die Individuen – von außen („allomatisch") durchdringt und determiniert;
- dass (um ein Beispiel zu nennen) nicht die Pflanze die Rinde bildet, sondern umgekehrt die *Rinde* die Pflanzen ... die Haut den Menschen ... die Oberfläche die Kugel ...;

- dass *das Geheimnis der Haut* und ihrer näheren Umgebung das größte Naturgeheimnis ist;
- dass hier im *„Perisoma“* – lokal, räumlich – der geometrische Ort, die Ursprungsstätte luzider und okkulter Phänomene ist;
- dass das *relativ-individuelle* Perisoma morphologisch ein „zweites Gehirn“, psychologisch ein „magisches Ich“ ist;
- dass auch heute noch und immer der physische und *individuell-psychische* Inhalt nichts – fast nichts – bedeutet, sondern alles auf den transindividuellen, überpersönlichen, *kosmischen „Aushalt“* ankommt;
- dass übersinnliche, dämonische Kräfte „magisch“ in Formen, Charaktere, Sigille gebannt werden können;
- dass usw. ...

Wenn, sage ich, über alles dieses und einiges mehr mein „freundlicher“ Leser seinen klugen Kopf schüttelt – was ich ihm nicht übelnehme – so darf ich ihn wohl an *Lichtenbergs* Ausspruch erinnern:
„Wenn ein Buch und ein Kopf zusammenstoßen und es klingt hohl, so liegt’s nicht allemal am Buch.“

Womit in aller Bescheidenheit verharret

Der Verfasser.

1. Die Zahl als Qualität

Um der schwierigen Frage näherzutreten, ob die Zahl mehr und etwas anderes ist oder sein kann als bloße Quantitätsbestimmung, nämlich *Qualität*, dazu wollen wir von der Voraussetzung ausgehen: Die Zahlenqualität hat es mit dem *Identitäts*problem zu tun. Ja, wird man fragen, ist denn die Identität überhaupt ein „Problem“?! Ist die Identität nicht vielmehr ein, sogar das erste und höchste „logische“ „Gesetz“? $a = a$. Jedes Ding ist sich selber gleich.

1 = 1, 2 = 2 usw.; demnach auch z. B. 29 = 29; 41= 41 ... quantitativ gleich, identisch. Wenn nun aber nachgewiesen werden könnte, dass 29 *nicht* unter allen Umständen = 29 sein muss, zu sein braucht, so ist damit bewiesen, dass 29 sich von 29 *qualitativ* unterscheiden kann.

Diesen Nachweis wollen wir nun an einem Beispiel aus der Analysis situs oder *Topologie* erbringen. Die Topologie oder Geometrie der Lage ist ein Zweig der Mathematik, der sich mit der Anordnung *räumlich* ausgedehnter Gebilde beschäftigt. Hierzu gehören u. a. auch die sog. Mathematischen „Spiele“, Rösselsprung, magisches Quadrat und andere räumliche Zahlenanordnungen, Schach (zweidimensionales Brettschach, dreidimensionales Raumschach, mehrdimensionales Schach) usw.

Versuchen wir also „spielend“, ohne jede höhere Mathematik, in den Qualitätsbegriff der Zahl einzudringen.

Das *magische Quadrat* (M.Q.) ist ein in mehrere kleine gleiche Quadrate geteiltes größeres Quadrat, in dessen Felder die Glieder einer beliebigen Zahlen-*Progression* so untergebracht sind, dass alle waagerechten, senkrechten und diagonalen Reihen die gleiche Summe (die „Constante“ C des M.Q.) ergeben. In Fig. 1-1 ist z. B. $C = 15$, in Fig. 1-9 $C = 65$.

Außer magischen Quadraten gibt es auch magische Dreiecke, Vielecke, Kreise, Würfel und andere Vielfache, sowie höhere als dreidimensionale Gebilde.

Wenn C nicht in *jeder einzelnen Reihe* vorkommt oder man etwa 2 Reihen zusammenaddiert = $2C$ sind, dann spricht man von „unvollkommenen“ M.Q. Das genügt aber theoretisch (es ist lediglich ein Schönheitsfehler), um sagen zu können, das betreffende Quadrat sei trotzdem magisch-quadratisch *orientiert*, habe einen magisch-quadratischen *Charakter*.

4	9	2
3	5	7
8	1	6

Figur 1-1

Man kann *beliebige* Progressionen verwenden, z. B. am einfachsten 1, 2, 3, 4, 5 ... n, oder 1^2, 2^2, 3^2, 4^2, ... n^2, oder Quotienten, Wurzeln usw. Aber eine *Progression* muss es sein, d. h. ein gesetzmäßiger Zahlen-*Fortschritt*. Es darf also in einem M.Q. *keine Zahl doppelt* oder mehrfach vorkommen!

Wenn das nun aber *trotzdem* geschieht? Was dann? Dann sind jene *gleichen* Zahlen eben *nicht identisch.*

Nun betrachte man folgendes, einer gewissen Progression entsprungenes M.Q. (Fig. 1-2), in welchem $C = 100$. Es ist zwar unvollkommen, denn nur die beiden Diagonalen ergeben als Summe je 100. Aber die Summe aller 4 Reihen, horizontal und vertikal, ist = 400. In diesem M.Q. kommt nun tatsächlich die Zahl 25 *zweimal* vor. Also ist hier 25 *nicht* = 25.

Oder man betrachte folgenden magischen *Kubus* (die 3 Quadrate liegen in 3 Ebenen übereinander), in welchem *C* = 111 (Fig. 1-3). Hier kommen sogar 4 Zahlen doppelt vor: 29, 33, 41, 45. Also kann hier die eine 29 *nicht* mit der anderen 29 identisch sein; 33 nicht = 33 sein, usw.

18	13	10	9
25	20	17	16
34	29	26	25
45	40	37	36

Figur 1-2

Die Ursache der Nicht-Identität, also der *qualitativen* Verschiedenheit der gleichen Zahlen, liegt in ihrer verschiedenen *räumlichen Lage.* Es besteht also ein Zusammenhang, ein Abhängigkeitsverhältnis zwischen *Zahl und Raum. Die Zahl ist eine Funktion des Raumes.*

40	29	20
45	34	25
52	41	32

41	30	21
46	35	26
53	42	33

44	33	24
49	38	29
56	45	36

Figur 1-3

Diese Funktion kann in einfacher Weise analytisch-geometrisch dadurch zum Ausdruck gebracht werden, dass wir die beiden 25 (aus Fig. 1-2) auf die Koordinaten *x, y* des M.Q. beziehen. Die erste 25 hat die Lage „34", d. h., sie liegt 3 Felder von der Linie *y–y* und 4 Felder von der Linie *x–x* entfernt. Die zweite 25 hat die Lage „05", sie liegt 0 Felder von *y* entfernt und 5 Felder von *x* (vgl. Fig. 1-4).

Die obigen Beispiele (vgl. Fig. 1-2, 1-3, 1-4) sind dem *Brett- resp. Raumschach* entnommen. Die Zahlen entsprechen nämlich den *Radikanden* der Radien, welche die Schachfiguren (es gibt mehr Schachfiguren als die bekannten 6: Turm, Läufer, Dame, König, Springer, Bauer; nämlich unendlich viele) von dem Koordinaten-Schnittpunkt, von 0 aus (Fig. 1-4) beschreiben. 0–1 ist ein Turmzug, 0–2 ein Läuferzug, 0–5 ein Springerzug. 0–25 ist *entweder*, in der Richtung *y–y*, ein fünfschrittiger Turmzug *oder* ein einer *anderen* Figur (einem höheren Springer) angehöriger Zug.

Beide Figuren mit *demselben* Radius = $\sqrt{25}$ sind also *nicht identisch.* Denn die eine Figur (der Turm) hat nach der *„Koordinaten-Notation"* (die der in der Brettschach-Praxis üblichen algebraischen Notation wissenschaftlich vorzuziehen ist) die *„Feldnummer"* 05 (denn $0^2 + 5^2 = 25$) und die andere Figur (der höhere Springer) hat die Feldnummer 34 ($3^2 + 4^2 = 25$).[1]

[1] Vgl. meine Artikelserie „Die Koordinatennotation und ihre schachwissenschaftliche Bedeutung" in „Raumschach. Blätter für wissenschaftliche Schachforschung". Hamburg 1921.

Man könnte nun einwenden, dass ja die Zahlen im M.Q., Fig. 1-2 und 4, nicht einer *einzigen* Progression entstammen, sondern mehreren, nämlich 4. In Fig. 1-4 durchdringen 4 Progressionen: 0–36, 2–37, 8–40, 18–45 das M.Q. *von außen*, also „allomatisch“. Kein M.Q. ist „aus sich selbst heraus“, d. h. automatisch, autonom zu begreifen, sondern es bildet als organisches Individuum von oft wunderbarer Struktur einen begrenzten *phänomenalen* Ausschnitt aus einem *transzendentalen Zahlenmilieu.* Erst aus seiner Umgebung wird es verständlich. Eine Wahrheit, die für *alle* Organismen gilt; auch, und erst recht, für die „belebten“. Wir sehen, dass die Radikanden-Progressionen gebildet werden durch die fortschreitende Differenz der ungeraden Zahlen. 0 + 1 = 1; 1 + 3 = 4, 4 + 5 = 9; 9 + 7 = 16 usw. Ebenso in der 2. Vertikalreihe: 1 + 1 = 2 (denn links von 0 gehört wieder eine 1 hin); 2 + 3 = 5; 5 + 5 = 10; 10 + 7 = 17 usw. Ebenso von rechts nach links: 25 + 1 = 26; 26 + 3 = 29; 29 + 5 = 34 usw.
Aber jener Einwand kann durch die Tatsache widerlegt werden, dass wir es in unserem M.Q. Fig. 1-2 (wie auch bei Fig. 1-3) mit einem Ausschnitt aus einem *„Fundamentalbereich“* zu tun haben.
Das nach unten offene, also hier bis ins Unendliche vergrößerbare Zahlendreieck 0–36–72 der Fig. 1-4 stellt den Fundamentalbereich des Brettschachs dar. Als Fundamentalbereich bezeichnet man einen solchen Bereich, der *nichts Gleichwertiges doppelt*, aber *alles Ungleichwertige in je einem* Exemplar enthält. Da nun die Zahl 25 *zweimal* in einem Fundamentalbereich vorkommt, so ist die eine 25 mit der anderen 25 nicht gleichwertig, sondern *qualitativ* verschieden. Die Ursache ihrer Verschiedenheit ist eben die verschiedene *Lage* der Zahlen im *Raum*, ihr relativ differenter Situs im Hinblick auf ihr Bezugssystem, die Koordinaten[2].

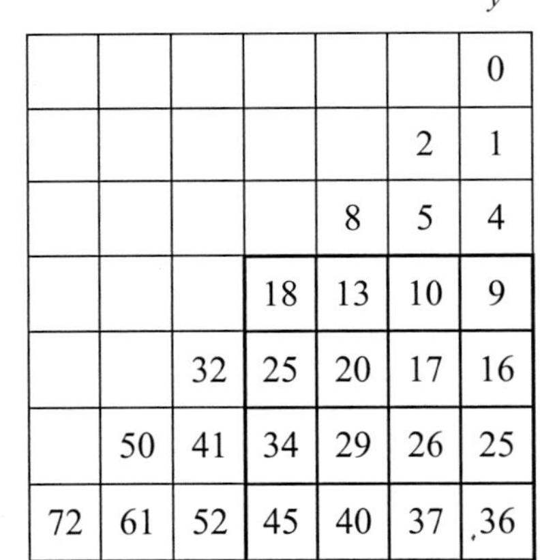

						0
					2	1
				8	5	4
			18	13	10	9
		32	25	20	17	16
	50	41	34	29	26	25
72	61	52	45	40	37	36

Figur 1-4

Ebenso liegen nun die Verhältnisse beim magischen *Kubus* (Fig. 1-3), der innerhalb des pyramidenförmigen Fundamentalbereichs vom *Raum*schach liegt. 29 hat die Feldnummern 234 und 025; 33 hat 144 und 225; 41 hat 045 und 126; 45 hat 245 und 036.
Sehr bemerkenswert ist übrigens, dass wir es in unseren Beispielen eigentlich mit *irrationalen* Zahlen, nämlich Wurzelgrößen, Radikanden zu tun haben, deren Reihensummen die Konstante ergibt. Denn die Radien der Schachfiguren werden mit Hilfe des Pythagoräischen Lehrsatzes berechnet. Zum Beispiel die Zahl 13 liegt 2 Felder von der y-Koordinate ab und 3 Felder von der x-Koordinate. $2^2 + 3^2 = 13 = r^2$. so $r = \sqrt{13}$. Oder ebenso $1^2 + 6^2 = 37 = r^2$. $r = \sqrt{37}$.

---

2 Vgl. meinen Artikel „Fundamentalbereich“ in den Raumschach-Blättern.

Schachfiguren, welche den *gleichen r* haben, liegen beim *Brett*schach auf dem *gleichen* mit *r* beschriebenen Kreis (z. B. 25), beim *Raum*schach auf der *gleichen* Schach*kugel*. Sie sind „isotop". Es handelt sich aber um *qualitativ* verschiedene *Figuren oder Zahlen*, weil ihre Koordinaten-Feldnummern, also ihre topologische Lage (situs) verschieden ist.

Man wird auch bemerkt haben, dass gewisse Zahlen, z. B. 7, 15, 23 ... (Differenz = 8) *überhaupt nicht vorkommen*. Diese „Vakanzen" entsprechen den Radien *vierdimensionaler* Schachfiguren. Denn man kann z. B. die Zahl 7 nicht zerlegen in *drei* Quadratzahlen, sondern erst in *vier*: $2^2 + 1^2 + 1^2 + 1^2 = 7$.

Ebenso kann man die Zahl *3* nicht zerlegen in *zwei* Quadratzahlen, sondern erst in *drei*: $1^2 + 1^2 + 1^2 = 3$. Daraus folgt, dass eine Schachfigur mit dem $r = \sqrt{3}$ auf dem zweidimensionalen Brett nicht vorkommen kann, sondern erst im *Raum*. Die Brettvakanz $\sqrt{3}$ ist in der neuen Raumschachfigur *„Einhorn"* realisiert. Das Einhorn zieht durch die 8 Ecken, der Läufer durch die 12 Kanten und der Turm durch die 6 Flächen des kubischen Raumschachfeldes. Das Einhorn ist dem Springer ($r = \sqrt{5}$) innerlich verwandt und bildet für die Konstruktion von Rösselsprüngen einen wertvollen Leitstern.

Genug! *Das ganze Schach ist magisch-quadratisch orientiert.* Die Stereo-Zatrikiologie oder Raumschachwissenschaft eignet sich vorzüglich zur Demonstration dieser Zahlenverhältnisse. Sie gibt einen klaren Begriff von der durch die verschiedene Lage der Zahlen im Raum bedingten Qualität der Zahl, weil man sich hier eben unter den abstrakten Zahlen *zugleich konkrete Schachfiguren vorstellen* kann.

Wer noch Näheres über diese Arithmosophie und Stereosophie, über magische Quadrate und Raumschach wissen will, den muss ich auf meine Publikationen verweisen.[3] Ich stehe auch brieflich und persönlich für weitere Auskunft zur Verfügung. –

Jedoch möchte ich diesen Artikel nicht schließen, ohne noch ein weiteres Wort über die oben angedeutete *Allonomie* des magischen Quadrats hinzugefügt zu haben.

Magisches Quadrat, Rösselsprung, Schach und dergleichen werden mit ungerechtfertigter Geringschätzung zu den „mathematischen Spielen" gerechnet. In der Tat haben sich ja auch die bedeutendsten Mathematiker mit diesen Problemen eingehend beschäftigt. Diese „Spielereien" mit *Zahl und Raum* besitzen vielmehr eine ernste, große wissenschaftliche und philosophische Bedeutung. Ja, man muss dieses Sonderkapitel der „heiligen Mathesis", worauf schon die alten Weisen und Eingeweihten das größte Gewicht legten, sogar unter einem *kosmischen* Gesichtspunkt betrachten. Dies lehrt schon ein einfaches kleines Experiment:

Man schneide ein Quadrat aus Pappe und befestige in seinem Mittelpunkt einen Faden. Nun belaste man das vorher in 9 Felder eingeteilte Quadrat, während es auf dem Tisch liegt, mit kleinen, gleichschweren Gewichten, etwa mit Pappstücken. Und zwar zunächst nach dem Schema eines „natürlichen" Quadrates, das Fig. 1-5 zeigt. Hebt

---

[3] „Sphinx" 1893 und 1894; „Neue Metaphysische Rundschau" 1897; „Wissenschaftliche Zeitschrift für Xenologie" 1899; „Mitteilungen über Raumschach" 1909–11; „Elias Artista Redivivus", Berlin 1913; „Raumschach-Einführung", Hamburg 1919; „Raumschach-Blätter", Hamburg 1920.

man nun vorsichtig das Quadrat mittels des Fadens in die Höhe, dann klappt das Quadrat um und die Gewichte rutschen ab, eben weil das Quadrat ungleichmäßig belastet ist. Beschwert man nun aber das Quadrat nach dem Schema eines „magischen“ Quadrates, das Fig. 1-1 zeigt, und hebt es an dem Faden in die Höhe, dann bleibt das ganze System *in Balance.* Das Quadrat schwebt horizontal im *Gleichgewicht.*

Was dieser Unterschied zwischen einem N. und M.Q. philosophisch zu bedeuten hat, braucht wohl nicht näher ausgeführt zu werden.

Bemerkenswert ist, dass diese *Umwandlung* der Quadrate durch eine *Drehung*, also durch einen *räumlichen Prozess*, zustande kommen kann.

1	2	3
4	5	6
7	8	9

Figur 1-5

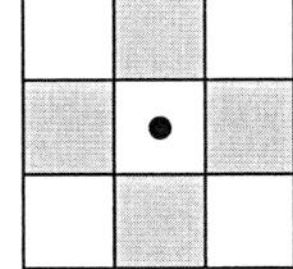

Figur 1-6

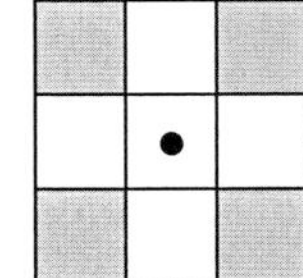

Figur 1-7

Das N.Q. – das „potenziell“ schon einen m.q. Charakter in sich trägt, denn die Diagonalen sind = *C* = 15 und die Summe der 3 Reihen ist = 45 = 3 · 15 – das N.Q. (Fig. 1-5) besteht aus 2 „magischen Systemen“, dem *ungerad*zahligen (männlichen) *Licht*system 1, 3, 7, 9 (= 20) und dem *gerad*zahligen (weiblichen) *Finsternis*system 2, 4, 6, 8 (ebenfalls = 20; vgl. Fig. 1-6). In der Natur ist überall die Reihe der *geraden* Zahlen. Das erkennt man schon an den ganz verschiedenen Konstruktionsmethoden „ungeradwurzeliger“ und „geradwurzeliger“ M.Q. *Dreht* man nun im unvollkommenen N.Q. das helle System um 3 Felder oder 135° nach links um den ruhenden Mittelpunkt 5 und das dunkle System um 1 Feld oder 45° nach rechts (der Torsionswinkel beider Systeme beträgt also 90°), so erhält man (Fig. 1-7) das *vollkommene* magische Quadrat. Man kann also durch Drehung von Zahlensystemen M.Q. *konstruieren.* Das heißt aber nichts anderes, als dass man durch Drehung eine Zahlenmenge ins *Gleichgewicht* bringen kann.

Die Bedeutung einer Zahl, die *Wirkung* ihrer Größe ist also nicht von der magnitudo (Größe) allein abhängig, sondern auch vom *situs* (Lage), vom Raum.

Bei größeren M.Q., wo die Endglieder der Drehsysteme in verschiedenen *Zonen* liegen, genügt aber die Torsion allein nicht, sondern es tritt noch eine zentrifugale und zentripetale *Verschiebung* der Zahlen auf den Dreharmen, den *Radien* der Systeme, hinzu. (Eine Mitteilung von Beispielen würde hier einen zu großen Figurenapparat erfordern. Ich muss auf meine diesbezüglichen Schriften verweisen.) Überall in der Natur herrscht das mit *Torsion* verbundene *radialzonale* Prinzip.

Einen wahren Einblick und ein richtiges Verständnis von der anatomischen *Struktur* eines M.Q. – jedes

					8	*1*
9	2	4	9	*2*	*4*	9
5	7	*3*	*5*	*7*	3	5
1	*6*	*8*	1	6	8	1
9	2					

Figur 1-8

M.Q. ist ein *individueller Organismus* mit besonderen Eigenschaften – erhält man aber *nicht aus ihm selbst*, sondern gewinnt ihn erst aus der Betrachtung seiner *Umgebung*, seines Milieus, wenn man die peripheren Schranken, die quadratische „Haut“ des M.Q. durchbricht. Es gibt eben, wie in der Natur, so auch in der Mathematik, nichts Isoliertes, hermetisch Abgeschlossenes. Also noch einmal: Das M.Q. ist *nicht autonom*. Es trägt seine Gesetze, seine Struktur, seine Funktionen *nicht in sich selbst*. Es kann, als phänomenales Individuum betrachtet, nicht allein von sich aus, nicht von seinem *„Inhalt“* aus, begriffen werden. Es kann nur von seinem *„Aushalt“* (dies Wort möchte ich prägen), d. h. von seiner Umwelt, von seinem Milieu aus, d. h. *allonom*, verstanden werden. Sei es vom zwei- oder *drei*dimensionalen Milieu aus.

So habe ich z. B. nachgewiesen, dass gewisse M.Q., deren Zahlen, wenn man nur das *isolierte* M.Q. für sich betrachtet, Turm- und Läuferzügen zu folgen *scheinen*, in *räumliche Springerzüge* aufgelöst werden können, deren Parallelprojektionen jene *ebenen* Turm- und Läuferzüge vortäuschen. Durch solche *„Stereoanalyse“* werden also die Zahlen M.Q. auf den gemeinsamen Generalnenner „Springerzüge“ gebracht. Was auf *unteren* Ebenen gemischt und kompliziert *erscheint*, folgt in Wirklichkeit einfachen Gesetzen auf *höheren* Ebenen. Dies ist ein ganz allgemeines Prinzip.

Wenn man nun das M.Q. Fig. 1-1 in der Ebene *rekapituliert,* indem man es, ebenfalls in Form eines Quadrats, neunmal nebeneinander schreibt (wovon Fig. 1-8 nur einen Teil bildet), so erkennt man, dass die Zahlen-Strahlen in Form von *Springer*-Strahlen durch das M.Q. *von außen* hindurchschießen. Deutlicher wird das noch, wenn man ein größeres M.Q. etwa von der Wurzel 5 (Fig. 1-9) wählt.

Es gibt magisch-quadratische *Netze*, aus welchen man das M.Q. an *jeder beliebigen Stelle* herausschreiben kann. Ein solches „unendliches“ M.Q. ist Fig. 1-9.

Zahlen-Netze, Schachfiguren-Netze und -Gitter, Kristall-Raumgitter usw. bilden die allomatische, *überindividuelle Struktur,* in welche das einzelne Individuum hineinwächst, resp. welche dem Individuum von außen auf- und eingeprägt wird.

Das einzelne M.Q. ist also nur ein phänomenaler *Ausschnitt*, etwas Begrenztes, aus dieser unbegrenzten transzendentalen Unterlage. Das M.Q. ist eine „persona“, durch welche die Springerstrahlen von außen *hindurchtönen*, hindurchströmen, hindurchschwingen.

Rollt man nun das M.Q. (Fig. 1-9) zu einem *Zylindermantel* auf – wozu also eine höhere, dritte Dimension erforderlich ist – so hebt man durch dieses räumliche Manöver die Rekapitulation nach der *einen* Richtung hin auf. Und biegt man dann diesen Zylinder zu einem *Ring* um, so ist die Rekapitulation auch nach der *anderen* Richtung hin, also *total* aufgehoben. Mit anderen Worten: durch diesen Zahlenring, um den herum jetzt die *Diagonalen* des M.Q. lückenlos als fortschreitende kreisförmige Bewegung, als *Wirbel*, als *Spiralen* laufen, ist das M.Q. von seiner Umgebung emanzipiert worden. Es trägt *jetzt* sein ganzes Milieu sozusagen *in sich selbst*. Es ist *autonomisiert* worden. Der Wirbel ist ein allgemeines Naturphänomen.

21	3	10	12	19
15	17	24	1	8
4	6	13	20	22
18	25	2	9	11
7	14	16	23	5

Figur 1-9

Da hierzu eine relativ *höhere* Dimension erforderlich war, so kann man sagen, dass erst durch Erheben in eine höhere Raummannigfaltigkeit ein „Allomat" zum „Automat" wird. *Der „Aushalt" wird zum „Inhalt"*. Die Umgebung verschwindet. Das Individuum trägt jetzt seine Gesetze allein in sich, wird *selbstständig* und unabhängig, wird *„frei"*. Das sind lauter interessante Sachen und Überlegungen, die uns dem Zusammenhang von *Zahl und Raum, der Verräumlichung der Zahl,* näherbringen.

2. Die Zahl als Substanz

Im vorhergehenden Kapitel „Die Zahl als Qualität“ haben wir nachgewiesen, dass eine Zahl als Zahl die quantitative Identität, die Gleichheit mit sich selbst, dadurch verlieren kann, dass sie an eine relativ andere Stelle des *Raums* gelagert wird. Die Topologie verwandelt die Quantität der Zahl in eine Qualität. Die früher gleichen Zahlen haben jetzt verschiedene Eigenschaften bekommen.

Um im Schachbild zu sprechen: Derselbe Schachradius, z. B. $\sqrt{9}$, kommt sowohl dem dreifachen *Turmzug* als dem einfachen *„Antilopen“*-Zug zu. Beide Figuren sind isotop, d. h., sie liegen auf der *gleichen* Schachkugel. Aber sie haben *verschiedene* Koordinaten-Feldnummern, nämlich 003 resp. 122 (denn $0^2 + 0^2 + 3^2 = 1^2 + 2^2 + 2^2 = 9$). Ihre verschiedene *Lage im Raum* hat sie zu zwei verschiedenen *Individuen* gemacht. *Qualität schafft Individualität.*

Schon durch die Qualität ist die Zahl zu einem *Inhalt*, zu einem *Ding*, also zu einer *Substanz* geworden. Aber wir wollen uns hiermit nicht begnügen, sondern der Zahlensubstanz noch auf einem anderen Wege näher zu kommen versuchen.

Pythagoras hatte schon die Zahl als das *Wesen* der Dinge hingestellt. Spätere Interpreten bestritten zwar, dass der in die alten Mysterien eingeweihte griechische Philosoph damit habe sagen wollen, die Welt sei aus der Zahl entstanden und aus ihr zu erklären. Er habe nicht gemeint, dass die Zahl eine *Realität* sei, sondern nur eine wesentliche ideelle *Formalität*, wonach die Dinge geordnet seien. Also im Sinne der Bibel: „Du hast alles nach Zahl, Maß und Gewicht geordnet.“

Wie dem auch sei, tatsächlich zeigt jedenfalls die Geschichte der Mathematik das Bestreben, Zahl und Raum immer inniger einander zu nähern und beide miteinander zu verschmelzen. Die *Verräumlichung der Zahl* bedeutet die Überwindung der Zahl als Quantität.

Während uns bei der Untersuchung, ob die Zahl *mehr* als Quantität, nämlich Qualität, sein kann, das *Identitätsproblem* leitete, müssen wir die hiermit eng zusammenhängende Frage, ob die Zahl *mehr* und etwas anderes sein kann als bloße *Form*, nämlich Substanz, Gehalt, *Inhalt* und Aushalt, verknüpfen mit dem *Kontinuitätsproblem.*

Die Qualität hat es (insofern die *Verschiedenheit* des Wertes die Verschiedenheit des Individuums bedingt – man denke stets an die topologisch verursachte Verschieden-Wertigkeit der individuellen Schachfiguren trotz ihres bisweilen gleichen Radius –) in diesem Sinne hat es die Qualität mit dem *„Kosmos“* zu tun. Dagegen *die Substanz hat es mit dem „Chaos“ zu tun.*

Wo „Ordnung“ herrscht, müssen Dinge vorhanden sein, die geordnet werden *können.* Also diskrete, diskontinuierliche, atomistische *(Demokrit)*, begrenzte *(Pythagoras)*, gequantelte *(Planck)* Teile, zwischen denen ein Intervall, Zwischenraum, Spatium, Lücke, Riss, Leere sich befindet. *Das Kontinuum kann nicht geordnet werden.* Hier herrscht (wir können die Sache nur negativ begreifen) Unordnung, Disharmonie, Zahlenlosigkeit (∞), Gestaltlosigkeit, Bewegungslosigkeit, Ruhe, Stille, Schweigen, Chaos, Irrationalität, Illogik, Metalogik ...

Nur der Kosmos (daher der Name) ist harmonisch geordnet „nach Zahl, Maß und Gewicht“. Man sagt: „Die Natur macht keine Sprünge“. Gerade das Gegenteil ist richtig. *Natura nil facit, nisi saltus!* Alle Erscheinungen und Wirkungen sind sprunghaft, stoßartig, schubweise. Die Veränderungen in der Natur verlaufen explosionsartig. Es brauchen just nicht immer „grobe“, optisch und akustisch wahrnehmbare Dynamitexplosionen zu sein. Es gibt auch „feine“, übersinnliche, transzendentale Explosionen. Jeder Übergang von einem Filmstreifenbildchen zum anderen bildet einen Sprung. Trotzdem *erscheint* uns die ganze Szene kontinuierlich wegen der großen Schnelligkeit der Bewegung (Explosions-, Mutations-, Quanten-Theorie).

In diesem Falle füllt also die *Zeit* die Lücken aus und liegt „zwischen“ den diskontinuierlichen Teilen.

Die diskreten Teile werden vom Kontinuum umschlossen. Das „Volle“ wird vom „Leeren“ „begrenzt“ *(Pythagoras)*. Der sprunghafte Kosmos ist vom stetigen Chaos, in dem er schwimmt, umgeben.

Zur Illustration sei noch einmal der schachliche „Fundamentalbereich“ herangezogen, von dem schon bei der „Zahl als Qualität“ die Rede war. In der zweiten Dimension (Brett) stellt er ein offenes *Dreieck* dar; in der dritten Dimension (Raum) eine an der Basis offene dreiseitige *Pyramide*.[4] Der F.B. wird begrenzt von den *viel*-oder langschrittigen, *fern*wirkenden, in *schachlicher* Auffassung also fließenden „Grundfiguren“, die „pièces à longue portée“; und zwar auf dem Schachbrett von Turm und Läufer; im Schachraum von Turm, Läufer und Einhorn.[5] Die Grenzfelder des F.B. stellen seine „Rinde“ dar; sie umschließen die „Mark“-Felder. *Innerhalb der stetig* dahinfließenden T.-, L.- und E.-Strahlen liegt der *Kosmos der „Springer“*. Dabei ist es bemerkenswert, zu konstatieren, dass die eine Zahl 25 (F.-Nr. 034) in unserem früheren Beispiel dem Springer-*Kosmos* angehört, die andere Zahl 25 (F.-Nr. 005) dagegen dem Turm-*Chaos*.

Mit anderen Worten: Ein Springer (05), der auf dem Brett dem „Vollen“ (dem „Mark“) des Fundamentalbereichs angehört, wird im Raum (als 005) zum „Leeren“, „Rinde“, zur *Substanz. Diskontinua werden auf höheren Ebenen Kontinua.* Oder umgekehrt: Wenn etwas Kontinuierliches sich phänomenalisieren will, so muss es diskontinuierlich werden.

Die „Rinde“ des *zwei*dimensionalen F.B. besteht aus *linear* wirkenden Figuren. Logisch besteht die Rinde des *drei*dimensionalen F.B. aus „*Plan*-Figuren“, d. h., aus Figuren, welche *Ebenen* beherrschen. In diese Grenzebenen geht der Flächenspringer (05) *über*, und *verschwindet* dadurch als ein *zwei*dimensionales Diskretes. Ein phänomenales *Atom* wird zur transzendenten *Substanz*.

---

4 Das Kristallnetz des pyramidalen F.B. ist abgebildet in den „Raumschach-Blättern“ Nr. 9/10.

5 Das „Einhorn“ ist eine in der *dritten* Dimension *neu* hinzutretende Figur. Es ist mathematisch bedingt. Denn die Gangart der Figuren ist eine Funktion der (quadratischen resp. kubischen) Schachzelle. Von der Struktur des Schachfeldes ist die Bewegung der Schachfiguren abhängig. T. zieht durch die sechs Flächen, L. durch die zwölf Kanten, E. durch die acht Ecken der kubischen Schachzellen.

Doch brechen wir mit diesen Schachbildern ab, obwohl uns nichts anderes als „Bilder“, Gleichnisse, Analogien, Symbole zur Verfügung stehen, wenn wir etwas substanzialisieren wollen.
Die kosmischen ganzen rationalen Zahlen sind also diskreten *Atomen* zu vergleichen, die mit der Differenz 1 *Sprünge* machen: 0, 0 + 1 = 1, 1 + 1 = 2, 2 +1 = 3 ... Die *erste* „Zahl“ ist EINS. Sie nimmt deshalb in allen Arithmosophien den hervorragendsten Platz ein.
Die große Frage ist jetzt: Was liegt *„zwischen“* den Zahlen? Was überbrückt den Zwischenraum? Was vermittelt die phänomenale Diskontinuität? *Das transzendente Kontinuum.* Das ist leicht gesagt, aber unmöglich zu begreifen. Denn „begreifen“ können wir nur diskontinuierliche Größen.
Da „Gleiches nur auf Gleiches wirkt“, müssen zwischen den Zahlen, in den Zahlenlücken, ebenfalls *Zahlen* liegen. Man verkleinerte daher den Zwischenraum bis zum „Unendlichen“ und führte die *Infinitesimalrechnung* ein. Die unendlich kleine Differenz, das „Differential“ (*dx*) sollte keine Größe mehr sein, sondern zum „Größenkeim“ zusammenschrumpfen, wie die Pflanze zum Samenkorn. Durch diese Grenzbegriffe und Grenzprozesse glaubte man Lückenausfüllen, den Hiatus überbrücken zu können. Der Übergang von *x* zu *dx* stellte die „Fluxion“ *(Newton)* her.
Das ist natürlich nur Spiegelfechterei. Denn *dx* ist genauso gut eine „Größe“ wie *x*. Den wirklichen Kontakt zwischen zwei Zahlen stellen wir erst her, wenn wir über die Infinitesimal-„*Rechnung*“ hinausgehen. Damit hört dann freilich die Mathematik auf und eine symbolische Metamathematik setzt ein. Erst jetzt wird der Kreis (mit seiner irrationalen Zahl π) zum Quadrat, und die Kugel zum Kubus. Die Welt erhält ein anderes Gesicht, oder vielmehr sie verliert ihr Gesicht, ihr Aussehen, ihre Form, ihre Zahl. Wir kommen von der Welt der Erscheinung und des Werdens zur Welt des Wesens und des Seins. Wir kommen von der diskreten Welt der Ordnung, dem Kosmos, zur indiskreten Welt der Unordnung, dem Chaos. Wir kommen vom Etwas zum „Nichts“, d. h. Nicht-Phänomenalen; von der Welt zu Gott.
Wir können von 1 zu 2 *springen* über einen Graben. Wer aber von 1 zu 2 *gehen* will, muss durch den Graben waten. Der „Weg“ von 1 zu 2 führt durch das Trennende, durch den Raum, durch das Leere, durchs Nichts, durch Gott.
Einen schwachen Begriff vom sprunglosen Zahlenweg erhalten wir, wenn wir von der Vorstellung der Zahl als „Größe“ abstrahieren. Wenn wir erkennen, dass die Zahl nicht bloß Form, sondern auch Inhalt sein kann. Dann wird die „magnitudo“ zum „situs“, die Zahl zum Raum, zur Substanz. Die *Mathematik* allein genügt hierzu nicht. Ohne *Symbolik* ist das Qualitative nicht zu fassen.
Es gibt Philosophen – die empirio-kritischen Positivisten – welche die Annahme einer wie immer aufgefassten absoluten „Substanz“ perhorreszieren und sich lediglich an das halten, was sie positiv wissenschaftlich erfahren können. Gewiss, man kann sich mit diesem strikt-relativistischen Standpunkt begnügen. Für die „logische“ und „wissenschaftliche“ Betrachtung der Welt ist er auch sicher der allein richtige. Aber unseres Erachtens reicht er nicht aus. Es gibt eben zwischen Erde und Himmel *noch mehr* Dinge, als eine inkarnierte „Schulweisheit“ sich träumen lässt. Es gibt Illogica, Irrationalia, Qualia, denen gegenüber der „wissenschaftliche“ Standpunkt aufgegeben

werden muss. Denn es handelt sich im Phänomene „alius generis“, die zwar „erlebt“ (also *auch* erfahren), aber nicht „erkannt“ werden können; nicht auf eine wissenschaftliche Formel gebracht werden können.
So hört auch *zwischen den Zahlen* die Wissenschaft auf. Aber falsch wäre es, zu sagen: „Nun hört alles auf!“ ...
Schon die *Phythagoräer* – und vor ihnen hebräische und chinesische Weise – lehrten ja, dass die Zahl das *Wesen* der Dinge sei, ihr Grund, Prinzip, Sein, Substanz, Materie. Im Anfang steht die Zahl, arithmos. Aus „der“ Zahl *kat'exochen*, aus der 1, der Einsheit und Einheit, entwickeln sich alle (phänomenalen) Gegensätze: das Gerade und Ungerade, das Weibliche und Männliche, das Negative und Positive, die Finsternis und das Licht, das Böse und Gute usw. Omnia est in uno, ex uno, per unum. All-Einheit. Hen kai pan.
Der Kosmos ist aber nicht nur nach *Zahlen* geordnet, sondern er ist zugleich *harmonisch* nach ihnen geordnet. Und zwar steht die *musikalische* Harmonie bei den Pythagoräern im Vordergrund des Interesses. Die musikalische Harmonie maßen sie aber nicht mit den Ohren, also nicht physiologisch und psychologisch, sondern mit den Zahlen, also mathematisch. Sie erblickten in der Harmonie lediglich das Verhältnis der Töne, der Saitenschwingungen in der Oktave.
Es ist nun bemerkenswert, dass gerade die streng mathematisch und physikalisch fundierte Musik uns *qualitative Werte* gefühlsmäßig zu übermitteln vermag. Wie erklärt sich das?
Man hat wohl gesagt: Die *Obertöne* machen die Musik. Die Klangfarben der verschiedenen Instrumente, ihre Zusammenklänge, Harmonien und Disharmonien, die Takte, Konsonanzen und Resonanzen, Schwebungen, Interferenzen, Akkorde usw. verleihen einem musikalischen Opus sein spezifisches Etwas, seine künstlerische Qualität. Gewiss, aber das sind lauter Dinge, die ja ebenfalls von mathematischen Gesetzen und eindeutigen Schwingungszahlen abhängig sind. In dieser Richtung kommen wir also nicht weiter. – Ich wage, eine andere Erklärung zu geben und damit eine *neue Theorie der Musik* aufzustellen.
Angenommen z. B., wir haben das Schwingungsverhältnis einer Saite von 1:9. Statt 9 können wir setzen $\sqrt{81}$. Dann entsteht ein bestimmter Ton (Grundton plus Obertöne) = t^1. Nun ist aber, wie wir gesehen haben, $\sqrt{81}$ nicht = $\sqrt{81}$! Es sei t^1 hervorgerufen durch den *situs* der $\sqrt{81}$ bei der Koordinatennummer 009 ($9^2 = 81$). Dann schwingt *als magnitudo zu gleicher Zeit* diejenige $\sqrt{81}$, welche den *situs* 148 hat! ($1^2 + 4^2 + 8^2 = 81$). Dadurch entsteht der Ton t^2. Außerdem schwingen noch *zugleich* situs 366 ($3^2 + 6^2 + 6^2 = 81$) = t^3 und situs 447 ($4^2 + 4^2 + 7^2 = 81$) = t^4.
Vorläufig besitzen wir noch kein Mittel, diese vier *„isotopen“ Töne von räumlich* verschiedener Herkunft voneinander zu unterscheiden. Ihre *bisherige* mathematische und akustische, arithmetische und physiologische Analyse würde nur ihre *Identität* erweisen.
Meine Annahme geht nun dahin, dass die Summe von $t^1 + t^2 + t^3 + t^4 = T$ dem Ton T (in unserem Beispiel $1 : \sqrt{81} = 1 : 9$) die musikalische *Qualität* verleiht. Mit anderen Worten: *Die Tonqualität ist eine Funktion des Raums.* Und ein Ton, abgeleitet von

der Schwingungszahl$\sqrt{81}$, der nur aus $t^1 + t^2$ („Infratöne") oder aus $t^3 + t^4$ („Supratöne") besteht, würde von *T qualitativ* verschieden sein resp. von uns so *empfunden* werden.

Wie man sieht, handelt es sich also um einen Versuch, der *Qualität der Töne trotz der Identität ihrer Schwingungszahlen auf räumlichem Wege näherzukommen.* –

Es liegt nun nahe, das *topologische Prinzip* außer bei akustischen Phänomenen auch auf andere Gebiete anzuwenden, wo ebenfalls Zahlenverhältnisse eine maßgebende Rolle spielen, z. B. auf die *Chemie.* Jedoch würde es uns hier zu weit führen, näher auf Einzelheiten einzugehen. Nur der Weg mag angedeutet werden.

Das *periodische System der chemischen Elemente* wird bekanntlich neuerdings nicht mehr nach Atomgewichten geordnet, sondern nach „Ordnungszahlen" (Grundzahlen). Die Ordnungszahl entspricht der „Kernladung", d. h. der Zahl, welche angibt, wie viel negative Elektronen den positiven Atomkern in der „Elektronensphäre" umkreisen, wie die Planeten die Sonne („wie oben, so unten"). Wasserstoff hat die Kernladung 1, Helium 2, Lithium 3 usw. bis zum Uran mit der Ladung 92. Alle 92 Elemente[6] sind bis auf 5 (oder neuerdings bis auf 4) bereits bekannt. Die Ordnungszahlen haben außerdem den großen Vorzug, dass wir es statt wie früher mit in *Bruchzahlen* ausgedrückten und dazu noch *schwankenden* Atomgewichten jetzt mit *ganzen,* konstanten rationalen Zahlen zu tun haben.

Dies ist, nebenbei gesagt, auch ein großer Vorzug für die magisch-quadratische Anordnung des periodischen Systems.

Um nun das *topologische Prinzip* auf das periodische System der Elemente anzuwenden, müssen wir zunächst die topologischen Multipla der Quadratzahlen von 1 bis 92 (Uran) kennen lernen. Denn $\sqrt{n^2} = n$.

Stattdessen bringen wir aber lieber hier eine *Übersicht der topologischen Multipla* der Zahlen von $\sqrt{1}$ bis$\sqrt{100}$. Wir verzichten dabei auf die detaillierten Angaben, *welche* Lagen die einzelnen Zahlen im Raum haben können (Koordinatennummern) und teilen hier nur mit, *wievielmal* eine Wurzelzahl verschieden situiert sein *kann.* Und zwar beschränken wir uns dabei auf 3 Koordinaten, also auf den *drei*dimensionalen Raum. Wir erhalten dann zunächst Zahlen, die nur *einmal* situiert sind, also nur *eine* Lage im Raum einnehmen können. Diese Zahlen sind also tatsächlich mit sich selbst *identisch.* Es sind das folgende 43 Wurzelzahlen (unter den ersten 100):

1, 2, 3, 4, 5, 6, 8, 10, 11, 12, 13, 14, 16, 19, 20, 21, 22, 24, 30, 32, 35, 37, 40, 42, 43, 44, 46, 48, 52, 56, 58, 64, 67, 70, 76, 78, 80, 84, 88, 91, 93, 96, 100.

Folgende 30 Wurzelzahlen können eine *doppelte* Lage im Raum einnehmen. Es sind „Dubletten":

9, 17, 18, 25, 26, 27, 29, 33, 34, 36, 38, 45, 49, 51, 53, 57, 59, 61, 62, 68, 69, 72, 73, 75, 77, 82, 83, 85, 94, 97.

„Tribletten" gibt es 10: 41, 50, 54, 65, 66, 74, 86, 90, 98, 99.

„Quadrubletten" nur 2: 81, 89.

---

6 Heute zählt man 44 Elemente in den Hauptgruppen und 65 Elemente in den Nebengruppen im Periodensystem der chemischen Elemente, also insgesamt 109. (rs)

Und nun noch eine Überraschung! Wir wollten 100 Zahlen untersuchen. 43 + 30 + 10 + 2 sind aber erst 85. Wo stecken die fehlenden 15? *In der vierten Dimension!* Für die Wurzelzahlen 7, 15, 23, 28, 31, 39, 47, 55, 60, 63, 71, 79, 87, 92, 95 ist kein Platz in der dritten Dimension! Das hört sich sonderbar an. Es ist nun aber einmal so und nicht meine Schuld. *Beweis:* Man kann die Radikandenzahlen 7, 15, 23,... nicht in 3 Quadratzahlen auflösen, sondern hat dazu 4 Quadratzahlen nötig, muss sie also analytisch-geometrisch auf *vier* zueinander rechtwinklig stehende und sich in *einem* Punkt schneidende Koordinaten beziehen, z. B.: $7 = 1^2 + 1^2 + 1^2 + 2^2$;

$$15 = 1^2 + 1^2 + 2^2 + 3^2 \text{ usw.}$$

Raumschachlich ausgedrückt heißt das soviel als: es gibt in der *dritten* Dimension keine Schachfiguren mit den Radien $\sqrt{7}$, $\sqrt{15}$, $\sqrt{23}$ ... Ich bezeichne daher diese Zahlen als *„Vakanzen"*. Wohl aber sind diese in der dritten Dimension fehlenden Figuren in der *vierten* Dimension „realisiert". Zugleich ist hiermit aber bewiesen, dass wir *keine weiteren Dimensionen* (fünfte, sechste ...) *nötig haben*! Denn wir können *alle* Radien $\sqrt{1}$ (Turm), $\sqrt{2}$ (Läufer), $\sqrt{3}$ (Einhorn), $\sqrt{4} = 2\sqrt{1}$ (doppelter Turmzug), $\sqrt{5}$ (Springer), $\sqrt{6}$ (Zebra), $\sqrt{7}$, $\sqrt{8} = 2\sqrt{2}$ (doppelter Läuferzug), $\sqrt{9} = 3\sqrt{1}$ (dreifeldriger Turmzug = $3\sqrt{1}$, Feldnummer = 003 *oder* Antilope = $\sqrt{9}$, Feldnummer 122. *Dubletten!* Die Figuren liegen auf *derselben* Schachkugel, sind *„isotop"*, aber *nicht identisch*, wegen der ungleichen Koordinatennummer) $\sqrt{10}$ ... $\sqrt{n}$ – wir können *alle* Radien in den *vier* ersten Dimensionen unterbringen.

Nach weiterer Ausrechnung der Multipla der Zahlen $\sqrt{11}^2$ bis $\sqrt{92}^2$ vergleiche man damit die Ordnungszahlentabelle der chemischen Elemente, indem man die Rubriken der Ordnungszahlen mit den Indizes 1, 2, 3, 4 der topologischen Multipla versieht. Dann kann z. B. die Ordnungszahl von Fluor =9 eine *vierfach verschiedene* räumliche Lage (als $\sqrt{81}$) haben. Wasserstoff und Sauerstoff können nur *eine* Lage haben! Kohlenstoff und Stickstoff eine *doppelte* Lage usw. Welche Gesetzmäßigkeiten und Folgerungen sich hieraus ergeben, bedarf noch näherer Untersuchung.

Bekanntlich hat die moderne Chemie gewisse Unstimmigkeiten im periodischen System der Elemente, die trotz genauesten Atomgewichtsbestimmungen hartnäckig weiter bestanden, durch die glänzende Feststellung beseitigt, dass es Elemente gibt (z. B. das Blei), die obwohl ihr Atomgewicht *ungleich* ist, *chemisch* ein völlig *gleiches* Verhalten zeigen. Man bezeichnet solche Elemente von ungleichem Atomgewicht, die chemisch identisch sind, als *„isotop" (Soddy)*, weil sie im periodischen System am gleichen Ort liegen. Sie liegen hier in einer Gruppe oder *„Plejaden" (Fajans)* zusammen. Unterscheiden, analysieren kann man die Isotope durch ihr verschiedenes *radioaktives* Verhalten. Die Radioaktivität ist also ein feineres Reagens als das chemische.

Bei den *isotopen Schachfiguren* entspricht die chemische Gleichheit der Gleichheit des Schach-Radius; die Atomgewichtsungleichheit den koordinatorisch verschiedenen Feldnummern.

Bei den *isotopen Tönen* entspricht die chemische Gleichheit der Gleichheit ihrer Schwingungen. Die über die auf Obertöne usw. begründete Ton-Qualität *(hypothetisch) sich hinausstreckende akustische Qualität* entspricht der relativen *Raumstelle*, wo sich die Schwingungen bilden. Ein objektives Reagens, diese akustischen Plejaden zu analysieren, fehlt noch. Sicher ist aber nach dieser topologischen Richtung hin, eine bisher nicht beachtete musikalische Sonderwelt vorhanden. Ein Reich von „Übertönen", das uns empfinden lässt, was *zwischen* den „gewöhnlichen" Tönen vorhanden ist ... In ganz anderer Art als die griechische Arithmosophie der Pythagoräer entwickelte sich die *hebräische.*

Der Grund dieses Abweichens liegt darin, dass die einzelnen hebräischen *Buchstaben zugleich als Zahlen* dienten.[7] Infolgedessen besaß jedes Wort neben seinem *sprachlichen* Wert auch noch einen *Zahlenwert*, der aus der Summe der Buchstabenziffern bestand. Dadurch bildete sich eine *Geheimschrift* aus, welche den Schlüssel zum orientalischen Geistesleben bildet. Ihren vollendetsten Ausdruck fand diese *Zahlensymbolik* in der *Kabbala*, der auf orientalischen und neuplatonischen Lehren basierenden jüdischen Geheimlehre und Literatur (Buch Sohar usw.). Die Verknüpfung dieser Art Zahlensymbolik mit der Mantie, z. B. in der Kartomantie des Tarot und in der Magie steigerte noch wesentlich den okkulten Charakter der Kabbala, beschleunigte aber zugleich ihre Degeneration.

Verknüpft man nun Buchstaben, Silben, Worte mit der Zahl und die Zahl mit dem Raum, so ahnt man, welche magisch-kabbalistische Bedeutung der *räumlich verschieden gelagerten,* also qualitativ verschiedenen Zahl zukommen kann. *Es ist nicht gleichgültig, an welcher Stelle des Raums ein Wort ausgesprochen wird.* Besonders gilt das von „heiligen" Silben, Worten, Namen. Oder vielmehr: *Der Ort heiligt das Wort!* Stereos und Logos sind nahe Verwandte...

Wie die Pythagoräer versuchten auch die Hebräer mit Hilfe der Zahl sich der *Überzahl*, dem Unendlichen, dem *Göttlichen* zu nähern.

Im *Kosmos der Natur* ist die Zahl sozusagen zu Hause. Alles Diskontinuierliche ist zahlenmäßig geordnet oder kann gezählt, „berechnet" werden. Es könnte für die ganze Natur eine universelle, mathematische Weltformel aufgestellt werden.

Im *Chaos Gottes* dagegen „verschwindet" die Zahl. Das geht schon daraus hervor, dass die Zahl mit Hilfe des Raums *mehrdeutig* wird und dadurch Qualitäten bekommt. Das Kontinuum absorbiert die Zahl. Die Zahlen, die den *ganzen* Zwischenraum zwischen 1 und 2, 2 und 3 usw. *kontinuierlich* ausfüllen sollen, so dass zahlenmäßig nichts Leeres übrigbleibt, sind „unendlich" klein geworden, d. h. sie haben schon dadurch aufgehört wirkliche, „ganze" Zahlen zu sein; aufgehört, als Zahlen zu existieren. Wie die Zahl ihre Identität durch die räumliche Lage verliert, und dadurch zur Qualität wird, so verliert sie durch das Kontinuum sich selbst und wird zur göttlichen Substanz.

Der Raum vernichtet die Zahl als solche, weil er ihre Basis, die Identität, zerstört. Aber zugleich steigert er die Zahl, indem er ihr neue qualitative Eigenschaften verleiht. Einer zukünftigen Forschung wird es vorbehalten sein, die *Magie des Raums und die Magie der Zahl* unter besonderer Berücksichtigung ihrer Qualität und Substanz weiter zu entschleiern.

---

7 Es ist das zwar auch bei den lateinischen und griechischen Buchstaben der Fall; führte hier aber nicht zu analogen Konsequenzen.

3. Das Oktogramm

Eine der interessantesten Tatsachen in der Geometrie der Zahl ist der aus der Struktur magischer Quadrate ersichtliche Zusammenhang zwischen der räumlichen Lage der Zahlen und den *Springer*zügen der Schachfiguren. Und zwar nicht nur von Zügen des „gewöhnlichen" Springers mit dem Radius $\sqrt{5}$ und der Koordinatennummer 12 (denn $1^2 + 2^2 = 5$), sondern auch von Zügen „höherer" Springer, wie „Zebra" ($r = \sqrt{6}$; F.Nr. = 112), „Antilope" ($r = \sqrt{9}$; F.Nr. = 122), „Giraffe" ($r = \sqrt{14}$; F.Nr. = 123) usw. Dieser Zusammenhang gestaltet sich noch interessanter und wichtiger durch meine Feststellung, dass die in magischen Quadraten scheinbar vorkommenden Turm- und Läuferzüge in Wirklichkeit ebenfalls Springerzügen angehören, nämlich Projektionen von *Raum*-Springer-Zügen sind, also Projektionen von höher gelegenen Ebenen auf das magische Quadrat als Grundfläche (Stereoanalyse und Plakosynthese magischer Quadrate). Dadurch wird das *Springer-Prinzip* zu einem *allgemein gültigen* Prinzip für die Anatomie magischer Quadrate.

Das Springer-Prinzip tritt bei vielen M.Q. sofort deutlich in die Erscheinung, wenn man das einzelne M.Q. in der Fläche *rekapituliert.* Man erhält dann ein magischquadratisches *Netz*, aus dem man (bei passend ausgewählten M.Q.) das M.Q. an beliebigen Stellen herausschneiden kann.

Umgekehrt kann man zuerst ein aus Springerzügen ($r^2 = 5$) bestehendes Flächennetz konstruieren. Man erkennt dann, dass dieses Springernetz aus lauter achteckigen Sternen besteht, die sich mit ihren Spitzen berühren. Wir erhalten eine unendliche *„oktogrammatische Tapete"* (Fig. 1-2).

Das wichtigste Resultat, zu dem das nähere Studium des oktogrammatischen Netzes führt, ist, dass die Strukturen sowohl von *ungerad*wurzeligen als auch von *gerad*wurzeligen magischen Quadraten – die rein arithmetisch nach ganz verschiedenen Prinzipien konstruiert werden – Bestandteile jenes ihnen *gemeinsamen* Oktogramm-Netzes sind.

Weiterhin ist sehr bemerkenswert, dass das Springernetz, das ja die quadratischen Felder des Schachbretts zur Basis hat, auch unabhängig von dieser Basis konstruierbar ist aus *zwei* kleineren *quadratischen Netzen*, die übereinander gelagert um einen gewissen Winkel α gegeneinander gedreht sind.

Wir werden nun im Folgenden etwas näher auf diese interessanten Zusammenhänge von Zahl und Raum eingehen, soweit es ohne Aufgebot von großem Figurenmaterial und mathematischen Formeln möglich ist.

3.1. Konstruktion des Oktogramms

Man erhält das O., wenn man in einem neunfelderigen Quadrat die acht Randfelder durch Springerzüge miteinander verbindet (Fig. 3-1) oder, kurz gesagt, sie „rösselt". (Das Zentralfeld bleibt dabei frei, da es ja von einem der anderen Felder aus nur durch Turm- oder Läuferzüge erreicht werden könnte.)

Figur 3-1

3.2. Konstruktion des oktogrammatischen Netzes

Wenn man *sämtliche* Felder einer größeren in Quadrate eingeteilten Fläche (etwa eines Schachbretts) gegenseitig miteinander rösselt, so erhält man statt, wie eben, des einen achtfachen Sternvielecks ein homogenes oktogrammatisches *Netz*, eine gleichmäßige, kontinuierliche Flächenstruktur (Figur 3-2). Schwärzt man hierin die einzelnen kleinen Oktogramme, so erscheint ein sternförmiges *Tapetenmuster*.

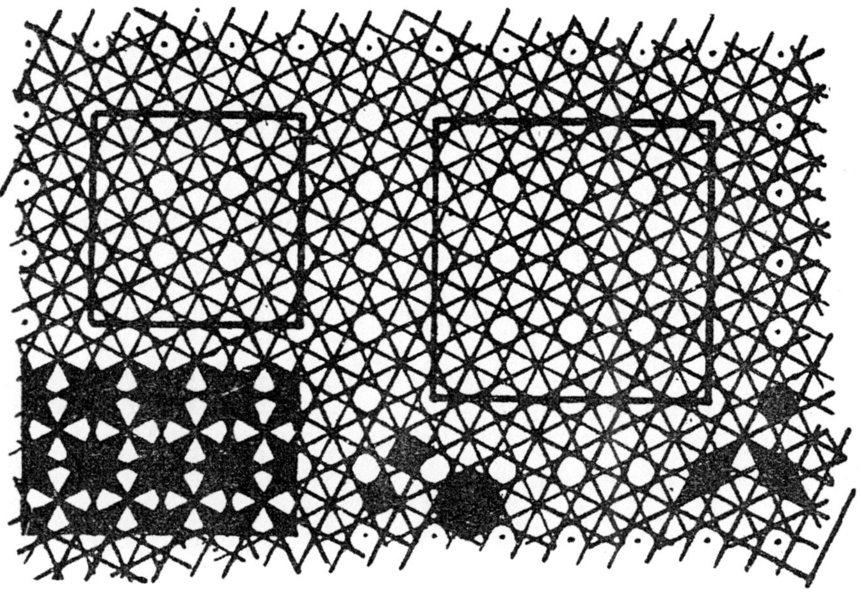

Figur 3-2

3.3. Rhomben und Quadrate im 16felderigen Quadrat

Unter 3.1. rösselten wir die Felder eines ungeradwurzeligen Quadrats von w (= Wurzel = Kantenlänge) = 3. Rösseln wir jetzt die Felder eines *gerad*wurzeligen Quadrats von $w = 4$, so erhalten wir folgende Figuren: 1. ein dem Oktogramm entsprechendes Quadrupelsystem (Figur 1-3), welches aus zwei *Rhomben* und zwei *Quadraten* besteht. Vergleicht man aber die Rhomben- und Quadratlinien mit den Konturen des allgemeinen Netzes, so erkennt man, dass es sich nur scheinbar um „Rhomben" und „Quadrate" handelt. In Wirklichkeit sind diese nur *Teilstrecken* von größeren Oktogrammen. Die „phänomenalen" Rhomben und Quadrate sind nur *Rudimente* von „transzendentalen" Oktogrammen. Außer dem Quadrupelsystem oder dem Rössel-„Stern" erhält man 2. ein Rössel-„Kreuz" (Fig. 3-4), aus dessen Zentrum direkt das Oktogramm hervorleuchtet. Dieses „Kreuz" enthält die „Verbindungslinien", die man benutzen muss, wenn man bei der Konstruktion eines „Rösselsprungs“ von einem „Rhombus“ oder „Quadrat“ heraus will zu einem andern „Rhombus“ oder „Quadrat“. Sämtliche Rössellinien des 16felderigen Quadrats bestehen also scheinbar aus *zwei* verschiedenen Liniensystemen, 1. aus dem *Grund*system (Figur 3-3), und 2. aus dem *Zwischen*system (Figur 3-4). Sieht man aber genauer zu, dann erkennt man, dass auch das zweite System, wie das erste, aus oktogrammatischen Rudimenten besteht. Sie haben also eine gemeinsame, *überquadratische* Herkunft.

3.4. Zusammenhang von ungerad- und geradwurzeligen Quadraten

Die Struktur des oktogrammatischen Netzes (Fig. 3-2) zeigt unmittelbar diesen Zusammenhang. Denn man kann aus der ursprünglichen, aus (in Figur 3-2 nicht mit gezeichneten) Quadraten bestehenden Fläche ja überall sowohl ungerad- wie geradwurzelige größere Quadrate ausschneiden (Figur 3-2).
Zugleich ist hiermit an einem schönen und klaren Beispiel wieder der Beweis geliefert, wie notwendig es ist, *stets den Blick aufs Ganze zu richten.* Phänomenal begrenzte und isolierte Dinge können nur dann richtig beurteilt werden, wenn man sie aus ihrem transzendental-unbegrenzten Milieu heraus, d. h. „allomatisch“ beurteilt. Aus diesem, als einem primär Gegebenen, wachsen sie heraus, um erst später sekundär als etwas Autonomes, Automatisches, dem Unkundigen zu imponieren. Dies ist ein durchaus *universelles Anschauungsprinzip*, das sich auf logische und mathematische, physische und psychische Begrenztheiten (Personen) und alle individuellen Dinge erstreckt.

3.5. Die oktogrammatischen Netze höherer Flächenspringer

Auf die oktogrammatischen Netze höherer Flächenspringer (z. B. $r^2 = 10$ oder 13 usw.), sowie auf die analogen *Raumspringer-Gitter* wollen wir hier nicht weiter eingehen. Sie haben lediglich ein (allerdings hohes) mathematisches Interesse, zeigen aber nichts prinzipiell Neues.
Wir gehen jetzt dazu über, die oktogrammatische Raumstruktur mit *Zahlen* zu verbinden.

3.6. Zusammenhang von Oktogrammen und magischen Quadraten

Gegeben sei ein einzelnes Oktogramm in einem Quadrat $w = 3$ (Figur 3-1). Man schreibe die Zahlen 1–9 in natürlicher Reihenfolge hinein („Natürliches Quadrat“) (Figur 3-5). Wenn man jetzt die Zahlen dem Linienzug des Oktogramms entsprechend abliest, also 1 – 6 – 7 – 2 – 9 – 4 – 3 – 8 – 1, so erhält man die Reihenfolge von Zahlen in den Randfeldern des magischen Quadrats $w = 3$ (Figur 3-6). Und umgekehrt, wenn man vom M.Q. ausgeht, die Randreihenfolge der Zahlen im N.Q.

Erweitern wir jetzt unseren Blick, indem wir versuchen, nach der „oktogrammatischen Methode“[8] ein größeres M.Q., etwa von $w = 5$, zu konstruieren. Gegeben seien zwei konzentrische Oktogramme in einem Quadrat $w = 5$ (Figur 3-7).

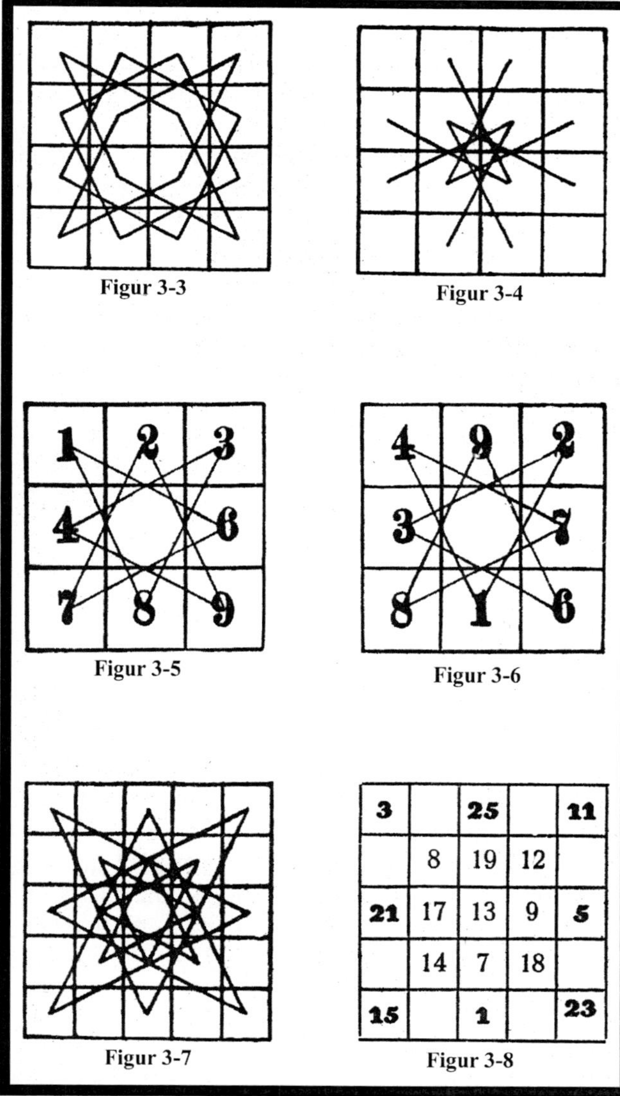

3		25		11
	8	19	12	
21	17	13	9	5
	14	7	18	
15		1		23

Figur 3-3 · Figur 3-4 · Figur 3-5 · Figur 3-6 · Figur 3-7 · Figur 3-8

Man schreibe die Zahlen von 1–25 in natürlicher Reihenfolge in die Felder. Nun übertrage man, den Linienzügen der beiden Oktogramme folgend, die Zahlen auf die relativen Randfelder eines leeren Quadrats. Wir beginnen mit dem inneren kleineren Oktogramm: 7 – 14 – 17 – 8 – 19 – 12 – 9 – 18 – 7 und lassen das äußere größere Oktogramm folgen: 1 – 23 – 5 – 11 – 25 – 3 – 21 – 15 – 1. Ob man die Zahlen links- oder rechtsherum einträgt, ist gleichgültig. Wir haben bis jetzt die magische Figur 3-8 erhalten. Die zwei Diagonalen und die zwei Mittellinien weisen die Konstante 65 auf. Die übrigen vier horizontalen und vier vertikalen Reihen zeigen die Summe 39.

Das oktogrammatisch erhaltene Zahlensystem ist also vollkommen *äquilibriert.*

Nun fehlen aber noch acht Zahlen; und zwar in

[8] Es gibt viele verschiedene Methoden, M.Q. zu konstruieren. Von mir sind die folgenden, früher unbekannten, neuen Methoden angegeben: 1. Die Torsionsmethode (Drehung magischer Systeme); 2. Die Projektionsmethode (Projektion von Raum-Springerzügen); 3. Die oktogrammatische Methode.

jeder Reihe zwei. Da 65 – 39 = 26 ist, müssen je zwei fehlende Zahlen zusammen 26 ergeben. Die 2 x 4 fehlenden Zahlen ergänzen sich in folgender Weise zu 26 : 2 + 24 = 4 + 22 = 6 + 20 = 10 + 16 = 26. Sie müssen also noch so auf die leeren acht Felder verteilt werden, dass in jeder Reihe schließlich 65 herauskommt. Das ist jedoch unmöglich! Man kann nur in je zwei horizontalen und vertikalen Reihen 65 erhalten. Die beiden anderen horizontalen Reihen ergeben 55 resp. 75 und die beiden anderen vertikalen Reihen 63 resp. 67. Jedoch ist 55 + 75 = 63 + 67 = 130 = 2 × 65.
Das magische Quadrat ist also „unvollkommen“; *vollkommen ist nur das magische Oktogramm* (Figur 3-8). Wir haben es daher auch in Figur 3-6, bei $w = 3$, nicht mit einem magischen Quadrat, sondern mit einem magischen Oktogramm zu tun. Wegen der Kleinheit ($w = 3$) fallen hier magisches Quadrat und magisches Oktogramm zusammen. Man sieht also, wie wichtig es ist, stets den Horizont zu erweitern. Erst das Größere (Höhere) erklärt resp. gibt Aufschluss über das Kleinere (Niedrigere). Figur 3-6 wird erst dadurch zu einem M.Q., dass man in die Mittellücke des M.Q. noch die fehlende Zahl 5 setzt.
Für uns ist hier die Hauptsache, dass das *Oktogramm* magisch ist. Die acht leer gebliebenen Quadratfelder werden ja ohnehin auch nur von Teilstrecken noch größerer Oktogramme bestrichen. In ein Quadrat eingeschlossene Rudimente von Oktogrammen können aber, wie jedes partiell oder individuell aus dem Ganzen abgeschnürte Gebilde – das Quadrat ist ein Ausschnitt aus dem oktogrammatischen Netz – nichts Vollkommenes ergeben.
Bemerkt sei aber noch folgendes:
Vergleich man M.Q. mit den ihnen entsprechenden N.Q., so erkennt man, dass Zahlen, die im N.Q. *diagonal* zueinander liegen (z. B. Fig. 3-5; die Zahlen 1 und 9), im M.Q. eine *vertikale* oder horizontale Lage erhalten haben (Figur 3-6; die Zahlen 1 und 9); und umgekehrt. In Figur 3-8 liegen die Zahlen 8, 13, 18 diagonal, im zugehörigen N.Q. vertikal. Ich bezeichne die Zahlen 1 und 9 resp. 8 und 18 als „Polarkonstante“ = $w^2 + 1$. *Durch das Oktogramm erhalten die Linien der Polarkonstanten eine magische Drehung.* Die magisch-quadratische Torsion ist eine Funktion des Oktogramms. Mit Hilfe des Oktogramms kann man ein N.Q. in ein M.Q. verwandeln. Die Torsionsmethode hängt also mit der oktogrammatischen Methode zusammen. Zu beachten ist jedoch, dass es *viele verschiedene Arten* auch von sog. „natürlichen“ Quadraten gibt, auf die wir bei den doppelt-magischen Quadraten oder Quadraten mit magischen Einfassungen noch zurückkommen. Figur 3-8 ist aus einem „gewöhnlichen“ N.Q. (à la Figur 3-5) entstanden.

3.7. Die Magie des Oktogramms

... Die Allomatik lehrt, dass es in der Welt kein isoliertes Sonder-Dasein gibt. Nichts Autonomes. Nur Allonomes. Kein abgegrenzter Bestandteil des Ganzen, kein Individuum, welcher Art es auch sei, steht und fällt „von selbst“. Nichts, außer Gott, ist per se. Alle Einzeldinge sind par aliud und vonein“ander“ abhängig. *Jeder Inhalt kommt vom Aushalt.* All unser Denken, Fühlen und Wollen verdanken wir nicht uns selbst, sondern etwas Anderem, Höherem, Göttlichem. Wir haben weder „Verdienst“ noch

„Schuld“. Solche Begriffe sind nur Ausflüsse einer egoistischen Philosophie, einer egozentrischen Weltanschauung, einer phänomenalen Befangenheit. Wir können uns daher auch nicht selbst „erlösen“, sondern sind ganz und gar auf die „Gnade von oben“ angewiesen. Alles, was wir besitzen, sind Gnadengeschenke aus höheren Sphären, Offenbarungen aus höheren Welten. Wenn wir diese Gottesgeschenke – von uns kaleidoskopisch kombiniert und variiert, aber dadurch eigentlich verschlechtert – als unseren ursprünglichen und eigenen Besitz, als unser vermeintliches Eigentum wieder ausgeben und diese Gottesgaben als etwas Eigenes anderen mitteilen, so zeugt das nur von Größenwahn und gedankenloser Eitelkeit. Es mag sein, dass die Illusion eines individuellen – wohl gar „freien“– Willens und eines persönlichen Ich-Bewusstseins sich für die irdische Praxis des täglichen Lebens als eine Notwendigkeit herausgestellt und herausgebildet hat. Insofern ist sie zu verstehen und entschuldbar. Aber bei tieferem Nachdenken muss man zu der Überzeugung kommen, dass das Denken gar nicht uns gehört. *Cogitat, ergo non sum.* Wahrscheinlich ist zwischen “unserem” Denkorgan, dem durch die Schädelkapsel isolierten anatomischen Gehirn, und dem kosmischen Denken ein *„zweites Gehirn“* mit überindividuellen Funktionen eingeschaltet, das dem „magischen Ich“ als perisomatisches Organ dient.[9]

Doch genug. Wir wollten mit diesem philosophischen Intermezzo nur daran erinnern, dass alles von oben kommt, vom Vater des Lichts. Er sendet seine *„Strahlen“* auf uns nieder und hat dafür gesorgt, dass wir für sein Wort (Logos) Aufnahmegefäß sind, Empfangsorgane haben, die freilich nur allzu oft verschlossen sind...

Die zu uns herabsteigenden göttlichen Strahlen sind nun von alters her Gegenstand der Betrachtung gewesen. Über ihre Substanz, Struktur, Schwingung, Wirkung, Umwandlung usw. ist viel spekuliert und geschrieben worden. Uns interessiert hier hauptsächlich die Vorstellung der oktogonalen oder *oktogrammatischen Struktur* jener Strahlen, wie sie z. B. *Peryt Shou* in seinen Schriften beschreibt und abbildet.[10] Er konstruiert „ein ins Unendliche sich weitendes oktogonales Schwingungsfeld“, welches aus lauter immer größer werdenden regulären Oktogonen besteht, deren Ecken, wie die Ecken der ihnen einbeschriebenen Oktogramme, auf Kreisen liegen. „Dies oktogonale Schwingungsfeld ist der *senkrechte Durchschnitt*“ jener Logos-Strahlen, zu deren Aufnahme gewissen vorgeschriebene Körperpositionen, Atmungsarten usw. erforderlich sind, auf die wir hier nicht näher eingehen können.

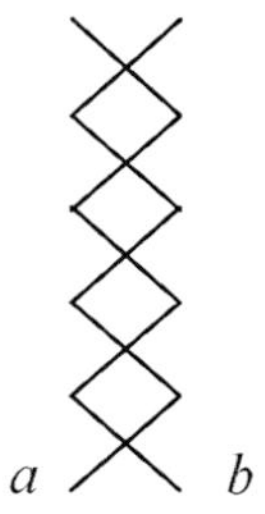

a *b*

Figur 3-9

Man kann die Schwingung und Fortpflanzung jener Strahlen innerhalb ihres oktogrammatischen Netzes oder Gitters aber auch noch anders vorstellen, nämlich nach dem Prinzip der „Nürnberger Schere“. Dies bekannte Kinderspiel-

---

9 Vgl. meine Schrift: „Das zweite Gehirn“ (Hamburg 1921); ferner *Carl Vogl* „Das magische Ich“ (Talisverlag Leipzig 1921). Die weitere hierher gehörige Literatur werden wir gelegentlich zusammenstellen.

10 „Die Heilkräfte des Logos“, Berlin 1919, Linser-Verlag, S. 51, Fig. III, d. und S. 65, Fig. VI, b.

zeug besteht aus kleinen Holzstäben, welche in ihren Schnittpunkten scharnierartig miteinander verbunden sind. Wenn man die Angriffspunkte *a* und *b* (vgl. Figur 3-9) voneinander entfernt, verkürzt sich die Schere; wenn man *a* und *b* einander nähert, verlängert sie sich und schießt (mit ihrem an der Spitze befindlichen Teufelchen) wie ein Strahl *über Erwarten weit vorwärts.* Zu Tür- und Fensterverschlüssen werden auch vielfach nach demselben Prinzip konstruierte eiserne Netze benutzt. Freilich handelt es sich hierbei um einfache quadratische Gitter. Aber das oktogrammatische Netz kann ja in zwei quadratische Netze zerlegt werden (Figur 3-2).

Übrigens schwingt nach indischer Lehre Prithvi, die kosmische Urmaterie, *„netzförmig-quadratisch"*, also schachbrettartig.

Bei den Babyloniern ist der achteckige Stern, das Oktogramm, das *Zeichen des Makrokosmos*, der Gottheit. Es würde uns zu weit führen, auf die mit dem Oktogramm verbundene Zahl 8 näher einzugehen und ihre mythologische, religiöse, philosophische, magische Bedeutung aus der umfangreichen Literatur mit Zitaten zu belegen. – –

Ich möchte nur auf die chinesischen acht Koua's hinweisen, die durch die verschiedene Lage und Kombination ihrer einfachen Strichfiguren (— und – –) eine tief durchdachte, mit Zahlen verknüpfte Naturphilosophie zum symbolischen Ausdruck bringen (vgl. nebenstehende Figur).

3.8. Magisch-quadratische Praxis

Die Zahl Acht ist durch die acht *Ecken* des Oktogramms bestimmt. Hierbei ist es gleichgültig, ob die acht Ecken, wie beim regulären Oktogramm, auf einem regulären Oktogon resp. *Kreis* liegen; oder wie beim Oktogramm des Springers $r^2 = 5$ und F.N. = 12 auf einem *Quadrat*; oder wie beim Oktogramm des Springers $r^2 = 10$ und F.N. = 13 auf einem *übereck* gestellten Quadrat; oder wie bei noch höheren Springern ($r^2 = 17$ und F.N. = 14; $r^2 = 26$ und F.N. = 15 usw.) auf *Oktogonen* mit *einfallenden* Winkeln.

Aber außerdem wird noch durch die *Größe*, d. h. Kantenlänge = *w* des M.Q. die *Anzahl* der bei dessen Struktur beteiligten Oktogramme bestimmt. Je größer das Quadrat, desto mehr konzentrische Oktogramme partizipieren, teils total, teils partiell (rudimentär) am Aufbau. Wie viele Oktogramme es im einzelnen Fall sind, wenn $w = 0, 1, 2, 3, 4, 5 \ldots n$ ist, ist eine mathematische Frage, die wir hier nicht weiter behandeln. Im Netz *wechseln* die für die *ungerad-* und *gerad*wurzeligen Quadrate bestimmten Oktogramme konzentrisch *miteinander ab.*

Interessant ist, dass das relativ *größte* transzendentale Oktogramm nur mit *Punkten* (Feldmittelpunkte) an der Struktur, die vom Quadrat eingeschlossen wird, beteiligt sein kann. Wer würde bei der üblichen automatischen oder autonomen Betrachtung der M.Q. einem solchen Punkt es ansehen können, dass er zu einem großen *über*quadratischen Oktogramm gehört? Diese Einsicht liefert nur die allomatische, überindividuelle Forschungsweise.

Dass die Zahlenperiode, die dem M.Q. zugrunde liegt, in *Gruppen* von je *w* Zahlen zerfällt, die selber wieder Perioden bilden, ist jedem magisch-quadratischen Forscher bekannt. Bei *w* = 5 gehören je 5 Zahlen zusammen. Sie sind in gleicher Weise untereinander verbunden, etwa durch Springerzüge. Die erste Gruppe 1–5 ist dann mit der zweiten Gruppe 6–10 etwa durch Läuferzüge verbunden. Bei größeren Quadraten bilden sich *Obergruppen*. Bei *w* = 8 kommen nicht nur die Gruppen 1–8, 9–16, 17–24 usw. vor, sondern auch die Obergruppen 1–16,17–32 usw., oder auch 1–32 und 33–64. Bei vollkommenen M.Q. liegen die Gruppen und Obergruppen *symmetrisch* zueinander. Dies erleichtert einerseits die Konstruktion (wenn man aufs „Probieren" angewiesen ist), erhöht aber andererseits die Schönheit magischer Figuren. Das M.Q. ist ein Kapitel mathematischer Ästhetik.
Wenn man nun das M.Q. zu irgendeinem Zweck *praktisch anwenden* will – und zwar wegen der im M.Q. herrschenden *Periodizität* der Zahlen, deren sichtbarer Ausdruck die ästhetisch bezaubernde Linienführung *geometrischer Figuren* ist (Dreiecke, Quadrate, Rhomben, Polygone, Oktogramme, Sterne, Ketten – man erinnere sich der oft überraschend schönen Linien von Rösselsprüngen) – wenn man das M.Q. praktisch verwerten will, muss man sich in erster Linie über seine *Größe* (*w*) entscheiden.
Schon die alten Magier benutzten als Talismane M.Q. in Form von Münzen, deren *Metalle* und Legierungen nicht nur den alchemistischen Symbolen der Planeten entsprachen, sondern deren Quadrate auch je nach den Planeten *verschieden groß* waren oder, was dasselbe ist, eine *verschiedene Gruppenperiode* hatten. Es wurden also nicht gleichgroße M.Q. benutzt, die sich ja bei konstanter Größe in ihrer Konstruktionsart hätten unterscheiden können, sondern die sieben „Planetensiegel" bestanden aus den sieben *w* von: 3, 4, 5, 6, 7, 8, 9. Offenbar sollte dadurch die Größe oder Länge einer Schwingungsperiode resp. einer Entfernung (von der Erde) ausgedrückt werden.
Außer den Planeten besaßen auch die *Tierkreis*-Sternbilder M.Q. Bei den zodiakalen M.Q. erkennt man deutlich, wie viel für magische Zwecke auf die *Größe* des M.Q. ankommt. Deshalb *verbargen* die Magier die Größe des betreffenden M.Q., indem sie den Zodiakalzeichen nur *Rudimente* der wirklichen M.Q. beifügten (Quadranten und noch kleinere Teile, rechteckige Ausschnitte), mit denen ein Unkundiger nichts anfangen konnte. Diese apokryphen M.Q. müssen daher erst *rekonstruiert* werden, was oft schwierig ist, zumal da einzelne Zahlen bisweilen (absichtlich?) falsch angegeben werden. Darüber später mehr.
Als *Liharzik* das menschliche Wachstumsgesetz magisch-quadrieren wollte, ging er von *w* = 7 aus.
Nachdem *Hellenbach* „auf außergewöhnlichem Wege" die „Offenbarung" erhalten hatte, dass „seine" Zahl die Zahl 9 sei, konstruierte er nicht nur sein eigenes Tetragramm mit *w* = 9, sowie das von Napoleon, sondern schrieb auch ein hübsches Buch über „Die Magie der Zahlen".
Graf *Egloffstein*, ein Anhänger *Hellenbachs* und *Guido von Lists*, teilte mir vor etwa zehn Jahren einmal mit, dass man den Lebenslauf *zweier* Persönlichkeiten (Napoleons I. und III.) mit Hilfe der im M.Q. fixierten periodisch-rhythmischen Zahlenschwingung zum Lebenslauf einer *einzigen* Persönlichkeit verknüpfen könne. Also eine Art magisch-quadratische Karma- oder Reinkarnationsforschung!

Vor kurzem hat *Adalbert Berny* im Wiener okkultistischen Blatt „Die andere Welt“ (1923, Nr. 9) nachgewiesen, dass die Lebensschicksale Ludwigs des Heiligen und Ludwigs XVI. auffällig übereinstimmen und dass daher ihre beiderseitigen M.Q. (w = 7) *identisch* sind.

Sei es nun, dass man die Periodizität der *chemischen* Elemente oder Elektronenschwingungen, oder der *musikalischen* Luftschwingungen, oder der *farbigen* Lichtschwingungen, oder die Periodizität im *menschlichen Wachstum* oder *Lebenslauf*, oder die periodischen Schwingungen der *Seele*, oder die der *Weltgeschichte* oder die der *Planeten* oder was sonst ... zu einem magisch-quadratischen oder magisch-kubischen Ausdruck bringen will – und damit auch zu einem geometrischen Ausdruck! – stets muss man in der Praxis, in der Anwendung magisch-quadratischer Gesetze, von Quadraten, d. h. Perioden *bestimmter Größe* ausgehen.

Aber ebenso darf man dabei *niemals außer Acht lassen,* dass die künstlich konstruierten individuellen Quadrate usw. nur kleinste, eng begrenzte Ausschnitte aus dem unendlich großen, netzförmigen Zusammenhang universellen Geschehens sind. Dort, *draußen*, ertönten die kosmischen Orchester himmlischer Sphärenmusik; und hier, *drinnen*, tanzt man danach. Weiß selbst nicht wie und warum ...

Fassen wir die Hauptsachen noch einmal kurz zusammen: Der *Springer* spielt bei der Konstruktion und Struktur M.Q. die größte Rolle. In seinen verschiedenen Modalitäten (Radien; Koordinatennummer) führt der Springer zum *Oktogramm* und dieses zu seinem tapetenmusterartigen *Netz*, das man unter verschiedenen Gesichtswinkeln betrachten kann. Die einzelnen M.Q. sind *keine selbstständigen Individuen* oder Persönlichkeiten; wie es denn überhaupt nirgends in der Welt der Erscheinungen etwas Selbstständiges, absolut per se Existierendes gibt. Vielmehr sind die M.Q. nur *Ausschnitte* aus ihrem Netz. Sie können daher nicht von sich aus, sondern nur von ihrem Netz oder ihrer gesamten Umwelt, Umgebung und Umfassung aus richtig begriffen werden. *Der Aushalt bestimmt den Inhalt.* Der Inhalt ist nur ein separiertes Stückchen Aushalt. Der universelle, jenseitige Aushalt ist mit Bezug auf den individuellen, diesseitigen, phänomenalen Inhalt „transzendental“, „überindividuell“, „perisomatisch“. Der Aushalt kann repräsentiert werden durch Rekapitulation, Netz, Gitter, höhere Raum-Ebenen und -Sphären, mehrdimensionales Gebiet usw. Bei den M.Q. besteht der Aushalt aus Zahlen, geometrischen Figuren, Punktsystemen ...; bei anderen Individuen aus grober und feiner (astraler) „Materie“, Strahlungen, Schwingungen, psychischen Dingen. Dieser mannigfaltige Aushalt durchdringt, durchströmt und durchstrahlt das scheinbar abgegrenzte Individuum und wird *hier* zu einem „Inhalt“. Das Individuum ist ein Stück festgewordenes Nicht-Individuum. Der Inhalt ist fixierter, sedimentierter, kristallisierter Aushalt. Ebenso wie die Kristalle koagulierte Teile ihres Raumgitters sind.

Man kann die Richtigkeit der *„allomatischen Weltanschauung“*, die Wahrheit des *„transzendentalen Realismus“* durch nichts klarer und überzeugender demonstrieren, als durch den anatomischen und organischen Aufbau magischer Quadrate und Kuben, wie es hier auf oktogrammatischer Basis gezeigt worden ist. –

4. Vom Aushalt zum Inhalt

Der in der Diskontinuität des Kosmos, der Erscheinungswelt, begründete Gegensatz von Subjekt und Objekt, Ich und Nicht-Ich, Mensch und Welt, der nur durch das Tertium comparationis „Gott“ aufgehoben werden kann – denn im göttlichen Kontinuum gibt es keine Teile und Gegensätze – dieser scheinbare Gegensatz von Subjekt und Objekt, Innenwelt und Außenwelt, Inhalt und Aushalt (ich möchte absichtlich vermeiden, zu sagen: Geist und Körper, Seele und Leib) – dieser Gegensatz ist von jeher bei allen Philosophen aller Zeiten und Völker Gegenstand spekulativer Betrachtung gewesen.

Drei verschiedene Auffassungen sind im Prinzip möglich: Entweder man lässt Subjekt und Objekt *dualistisch* nebeneinander bestehen; oder man lässt den einen Faktor den anderen absorbieren. In diesem *monistischen* Fall geht entweder das Objekt in das Subjekt ein oder umgekehrt das Subjekt in das Objekt.

Welche Auffassung die richtige, die wahre ist, kann nicht „bewiesen“ werden. Die Entscheidung trifft hier (wie bei so vielen anderen großen Problemen) nicht der Verstand, der Intellekt des Philosophen, sondern sein Gefühl, sein individuelles Temperament, sein persönlicher Charakter.

Den Dualismus lehnen wir ab, indem wir uns zu dem alten Grundsatz „omnia ex uno, par unum, in uno, ad unum“ bekennen.

Die Philosophie des Ichs führt, konsequent zu Ende gedacht, zum Solipsismus[11] und damit ad absurdum; nicht konsequent: zu dualistischen Konzessionen.

Also bleibt nur die Philosophie des Nicht-Ichs, die *allomatische Weltanschauung*, übrig. Das heißt: Nichts kommt und existiert, verändert sich, geht und verschwindet *„von selbst“*, sondern alles wird bestimmt und ist abhängig vom *Andern.* Alle kleinsten Diskontinua oder *Atome sind Allome*. Keine Autome. Das begrenzte sog. Ich ist ein untergeordneter Teil des kosmischen Nicht-Ichs. Der universelle Aushalt bestimmt den individuellen Inhalt. Also Milieu-Theorie.

---

[11] Der Solipsismus ist eine philosophische Denkschule, die alles Seiende zum Teil des eigenen Bewusstseins erklärt. Ein Solipsist hält nur das eigene Ich und seine Bewusstseinsinhalte für Wirklichkeit oder zumindest als das einzig Zugängliche. Alles sonst Erkannte wird als gleichrangig betrachtet. Äußerungen (also Bewusstseinszustände) von anderen Personen scheinen dem Solipsisten lediglich durch Analogie zugänglich. Gegen den Solipsismus sprechen viele Gründe. Die gewichtigste Widerlegung erfolgt durch die Sprachphilosophie. Solipsismus basiert auf dem Widerspruch, dass seine Theorie eine Sprache zu ihrer Formulierung erfordert. Dies setzt eine intersubjektive Welt voraus, die der Solipsismus zu widerlegen trachtet. In gängigen Darstellungen richtet sich die solipsistische Skepsis ausschließlich nach außen und bezweifelt jegliche objektive Realität außerhalb der Sinneseindrücke. Konsequenterweise müsste ein Solipsist jedoch ebenso die Authentizität seiner eigenen Gedächtnisinhalte (Erinnerungen) anzweifeln, da sie ihm keinesfalls dauernd bewusst sind. Auf diese Weise würde sich das eigene Ich auf eine erinnerungslose aus bloßem Bewusstsein bestehenden Singularität beschränken wäre also kein psychischer Komplex mehr.
Zitiert nach: http://www.uni-protokolle.de/Lexikon/Solipsismus.html. (rs)

Die Frage, *warum* sich das Kontinuum geteilt und individualisiert hat, ist falsch gestellt. Denn „Kausalität" gab es erst, *nachdem* die Spaltung eingetreten war. Das schöpferische „Fiat" ist ein transkausaler, akausaler Vorgang. Wir müssen die diskontinuierliche Welt als ein gegebenes Faktum hinnehmen.

Eine andere Frage ist aber: Was bewirkt die Existenzmöglichkeit von Teilen? Was liegt *zwischen* den Teilen und verhindert es, dass sie wieder kontinuierlich zusammenfließen? Zwischen den Teilen liegt das Kontinuum. Aber dies allein genügt nicht, die Teile auseinanderzuhalten. Das Kontinuum schafft für seine diskontinuierlichen „Zwecke" außerdem noch die *„Grenze"*, die Oberfläche der Teile. Es gibt ihnen eine *„Haut"*.

Das Geheimnis der Haut – und damit zusammenhängend das Geheimnis der *Form* – ist das größte aller Welt-Geheimnisse. Und zwar deshalb das größte, weil *nicht* der Inhalt von sich aus die Form schafft, das Äußere, sondern weil umgekehrt die äußere Form den Inhalt allomatisch bestimmt. Für die Ich-Philosophen ist die Form *Ausdruck* ihres Inhalts. Für uns aber ist der Inhalt *Eindruck* der Form! Die Form, die „Idee", ist das Primäre; der Inhalt – nota bene: der Inhalt des *Individuums* – ist das Sekundäre. *Besitzt* das Individuum erst mal einen Inhalt, der eine Funktion seiner Form ist, dann kann man natürlich *später*, da ja der Inhalt von der Form bestimmt wurde, auch von der Form aus Rückschlüsse auf den Inhalt ziehen.

Das Verhältnis von „Inhalt" und „Form" ist in der Geschichte der Philosophie ebenso eifrig ventiliert worden wie das von „Subjekt" und „Objekt"; und ebenso verschieden beantwortet worden.

Aristoteles z. B. hielt die *Form* für das Wesen der Dinge. Bei dem Dichter-Philosophen *Goethe* hatte die Natur weder „Kern" noch „Schale". Beides sei sie mit einem Male. „Nichts ist innen, nichts ist außen; denn *was innen, das ist außen.*"

Materiell betrachtet ist das Universum fast *leer*. Wenn in der einen Ecke des Kölner Doms unser Sonnensystem als Stecknadelkopf läge, dann hätte man Mühe, den nächsten Fixstern noch innerhalb des Doms zu finden.

Spirituell ist es – vielleicht – nicht viel anders. Wenigstens wird augenblicklich in der ganzen Welt kaum ein vernünftiger Gedanke zu finden sein.

Wir täuschen uns. Das „Reich der Fülle" ist nicht von dieser Welt. Das Diesseits ist inhaltsleer. Wir müssen froh sein, wenn wir den einen oder andern Strahl des Pleromas in uns aufnehmen dürfen...

Wenn nun die Form den Inhalt bestimmt – gleichwie die Form der Schachzelle die Qualität der Schachfiguren –, so erhebt sich die interessante Frage, ob wir imstande sind, irgendetwas auszusagen über *das Erwachen des ersten Inhalts*? Welchen Charakter besitzt der primitive, erstgeborene Inhalt einer Form?

Versuchen wir, auch diese Frage wieder zatrikiologisch (schachwissenschaftlich) zu lösen, Vielleicht führt dieser Raum-Zahlen-Weg zu weiteren Analogien und Schlüssen.

4.1. Der erste Inhalt

Wenn man auf der zweidimensionalen Schachebene (S^{II}, Schachbrett) von irgendeinem Feld als Zentralfeld oder Koordinatenschnittpunkt (0) ausgehend die Radius-Radikanden der Schachfiguren hinschreibt, dann erhält man Fig. 4-1. Das Quadrat *ABCD* kann beliebig weiter ausgedehnt werden. Nebenbei gesagt ist es ein (wenn auch „unvollkommenes") Magisches Quadrat. Denn die Diagonalen *AD* und *BC* sind = 56; die Mittellinien *EF* und *GH* sind = 28, zusammen = 56. Die Summe der 7 horizontalen resp. 7 vertikalen Reihen ist = 392 = 7 · 56.

Wie man nun sieht, sind die gleichen Zahlen *öfter* vertreten. Wenn man aber das Quadrat in 8 gleiche Teile teilt (Fig. 4-2), dann erhält man 8 Bezirke (z. B. *A*0*E*, *E*0*B* usw.), von denen jeder einzelne Bezirk *alle* vorkommenden Zahlen je *einmal* enthält. Einen solchen Bezirk nennt man einen „Fundamental-Bereich" (F.B.).

Im F.B. *A*0*E* bilden die Linien 0*A* und 0*E* dessen *Grenze.* 0*E* ist Turmlinie, 0*A* Läuferlinie. Diese beiden Grenzlinien schließen die Zahlen 5, 10, 13 als *Inhalt* ein. Uns interessiert hier nur die 5. Denn sie stellt die *zuerst* auftretende Spur eines Inhalts dar. Wir können die Grenzlinien-Zahlen als die *Rinden*-Zahlen und die Inhalts-Zahlen als die *Mark*-Zahlen bezeichnen. Die *erste Markzahl* beim F.B. S^{II} ist also die 5. Die Rinde besteht aus den beiden „Grundfiguren" (Turm und Läufer), das Mark aus den „Springern". Wir können den F.B. auch als räumlichen „Embryo" bezeichnen, dessen „Haut" die Linien 0*A* und 0*E* sind und dessen *erstes* inneres Primordial-Organ die Zahl 5, richtiger $\sqrt{5}$ ist.

Wenn man an den *Grenzen* eines partiellen F.B. *Spiegel* errichtet – also senkrecht zur Papierfläche einen Spiegel auf 0*A* und einen zweiten Spiegel auf 0*E* stellt – dann erblickt man in den Spiegeln *kaleidoskopisch* das Gebilde in seiner *Totalität* – also hier das *ganze* Quadrat *ABCD*. In der *Haut* des F.B. von Fig. 4-1 sieht man achtmal seinen *Inhalt*: 5, 10, 13...

Die Frage ist jetzt: Wie funktioniert das *Erst*-Organ? Welche Rolle spielt hier $\sqrt{5}$? Wir können diese Frage besser beim *drei*dimensionalen F.B. beantworten.

Wenn wir im Schachraum (S^{III}) vom Null-Feld (Zentralfeld) aus alle Wurzelgrößen als Radien der Figuren hinschreiben, dann sehen wir, dass hier der F.B. nicht $^1/_8$ wie bei S^{II}, sondern $^1/_{48}$ des ganzen Schachraums darstellt. Die erste Markzahl ist nicht 5 (der „gewöhnliche" Springer mit der Koordinaten-Nummer 12), sondern 14 (ein höherer Springer, „Giraffe" genannt, mit der Feldnummer 123; denn $1^2 + 2^2 + 3^2 = 14$). Figur 4-3 zeigt die Lage der Zahlen im pyramidenförmigen F.B. eines „Siebeners" (S_7^{III}). δ*d*4 ist das Zentralfeld; 14 liegt auf γ*a*2.

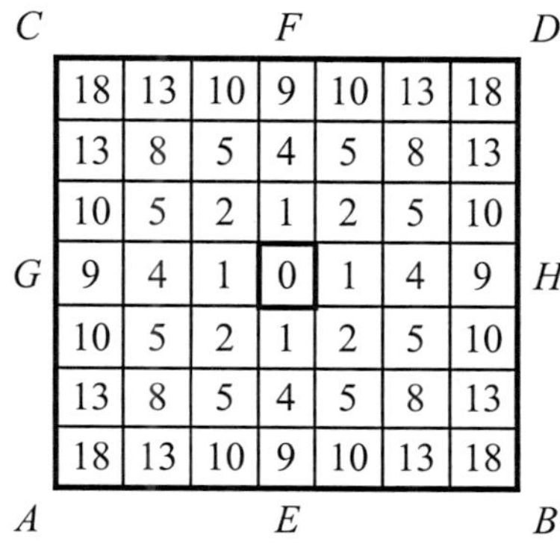

Figur 4-1

Wenn wir uns die Haut dieses F.B. wieder als *Spiegel* vorstellen – oder das Experiment auch ausführen und die drei Flächen eines aus Pappe gefertigten pyramidalen F.B. mit Spiegeln belegen – dann erblicken wir im Kaleidoskop den *ganzen* Kubus.
Im *vier*dimensionalen F.B. tritt 30 (F.N. = 1234) als erstes Markfeld auf; usw. Wir erhalten also folgende fortschreitende Tabelle:

S^n	Feldnummer					r^2
S^I	1					1
S^{II}	1	2				5
S^{III}	1	2	3			14
S^{IV}	1	2	3	4		30
S^V	1	2	3	4	5	55

usw.

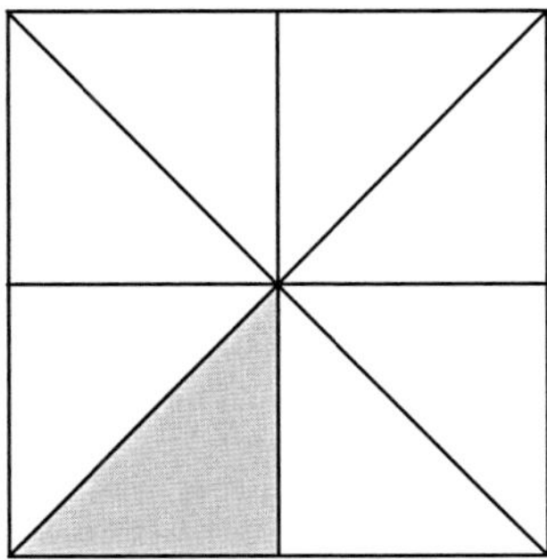

Figur 4-2

Im Kaleidoskop eines *vier*dimensionalen F.B. – dessen vier Spiegel-„Flächen" *drei*dimensional sind (N.B.: bei Fig. 4-1 hat man sich die Spiegel *ein*dimensional zu denken) – erblickt man das ganze vierdimensionale Polytop, also analog ein „Achtzell".
Wir wollen nunmehr unsere obige Frage nach der Bedeutung der ersten inhaltlichen Markzahl mit Hilfe der *Kristallographie* lösen. Dabei haben wir es ja, entsprechend dem „Kubikschach", nur mit dem *tesseralen* Kristallsystem zu tun.[12]
Die Symmetrie*achsen* von S^{III}_n (wobei n eine ungerade Zahl ist) entsprechen den 6 Turm-, 12 Läufer- und 8 Einhornzügen. Die sich schneidenden Symmetrie*ebenen* zerlegen S^{III}_n in 48 F.B. Daher hat die Giraffe im Raum 48 Zugrichtungen, wie der Springer in der Ebene 8 hat (im Raum dagegen 24).
Man stelle sich jetzt, z. B. in einem „Dreier" (S^{III}_3) vom Zentralfeld β*b2* ausgehend die 6 Turmzüge ausgeführt vor (Fig. 4-4). Man kann sich dann diese 6 Punkte in dreierlei verschiedener Art auf der Oberfläche eines Kristalles liegend vorstellen.
Entweder sie liegen in der Mitte von den *Flächen* des betreffenden Kristalls. Dann ist die Schach-Kugel dem Kristall-Polyeder *eingeschrieben* und die Schachradien stehen senkrecht auf den Kristallflächen (als „Normale"). Ich spreche in diesem Falle von „α-Schachkristallen". Der α-Turm-Kristall ist ein Hexaeder (= Fig. 4-4).
Oder zweitens die Endpunkte der Schachradien liegen in den *Ecken* des fraglichen Kristalles. Dann ist die Schachkugel dem Kristall *umgeschrieben* und der „β-Kristall" des *T* ist ein Oktaeder.
Oder drittens die Punkte liegen in der Mitte von den *Kanten* des Kristalles. Der „*y*-Kristall" von *T* ist ein Tetraeder.

---

12 Der Schachraum muss von *gleichen* Schachzellen *lückenlos ausgefüllt* sein. Die gleichmäßige Raumausfüllung ist außer durch Hexaeder auch noch durch andere Polyeder zu erreichen. Für das Schach würden nur *hexagonale* Prismen neue Verhältnisse bieten, auf die wir aber hier nicht näher eingehen können.

Die α-Schachkristalle von Turm, Läufer, Einhorn; Springer, Zebra, Antilope; Giraffe sind identisch mit den *7 Holoedern* des tesseralen Systems.
Die *β*-Kristalle dieser 7 Figuren sind *Kombinationen* von Hexaeder, Oktaeder und Rhombendodekaeder.
Die *α*- und *β*-Kristalle sind „polar-reziproke Körper". – Auf die *γ*-Kristalle gehen wir hier nicht weiter ein.
Eine Zwischenbemerkung über das Zustandekommen der genannten sieben „typischen" Schachfiguren ist noch erforderlich.
Das Zentralfeld (Zugausgangsfeld, Koordinatennnullpunkt) ist von einer aus 26 (= $3^3 - 1^3 = 26$) kubischen Schachfeldern bestehenden *„ersten Schale"* konzentrisch umgeben. Diese Schale wird ganz beherrscht von den 6 *T*-, 12 *L*- und 8 *E*-Zügen (und stellt in der Raumschach-Spielpraxis das Wirkungs- resp. Fluchtgebiet des Königs dar). Der *T* ist ein Flächenzügler (f), der *L* ein Kantenzügler (k) und das *E* ein Eckenzügler (e). Wir haben also die *drei* Größen f, k, e.
Um die erste Schale lagert sich eine *„zweite Schale"*, bestehend aus $5^3 - 3^3 = 98$ Feldern. Von diesen 98 Feldern werden 26 durch die 3 fernwirkenden „Grundfiguren" (*T, L, E*) beherrscht. Es bleiben also übrig 98 – 26 = 72 Felder. In diese 72 Felder teilen sich mit je 24 Feldern *S, Z* und *A*. Und zwar entsprechend den Kombinationen $f + k, f + e, k + e$.

δ

9	4	1	0
10	5	2	
13	8		
18			

γ

11	6	3	
14	9		
19			

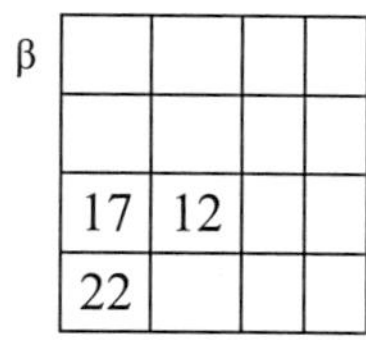

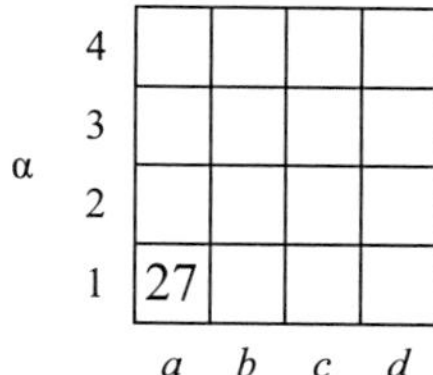

Figur 4-3

Um die zweite Schale lagert sich dann ferner eine *„dritte Schale"*, bestehend aus $7^3 - 5^3 = 343 - 125 = 218$ Feldern, 26 Felder gehen wieder ab durch die Grundfiguren, mithin restieren 192. Hier Ordnung zu schaffen und die vielen Felder gesetzmäßig auf „neue Schachfiguren" zu verteilen, hat anfänglich, bei Ausarbeitung des Raumschachs, einige Schwierigkeiten verursacht, über die jetzt leicht zu lachen ist. Frei war ja noch die eine Kombination – aber es war auch die letzte – $f + k + e$. Sie ergab für die Giraffe 72 Felder. Später musste aber, auf Grund „neuer Entdeckungen" in den noch unbekannten Gefilden des Raumschachs, die Giraffe „gespalten" werden in die „kleine" Giraffe ($r = \sqrt{10}$, F.N. 013, 24 Züge) und die „große" Giraffe ($r = \sqrt{14}$, F.N. 123, 48 Züge). Die dritte Schale ist also der „geometrische Ort" für die Giraffe, und man kann daher praktisch mit ihr auch erst im „Siebener" ($S^{III}{}_7$) spielen, da $S^{III}{}_5$ nur zwei Schalen hat. Auf die weiteren Figuren der dritten Schale braucht hier nicht eingegangen zu werden. Ebenso wenig auf die weiteren Schalen.

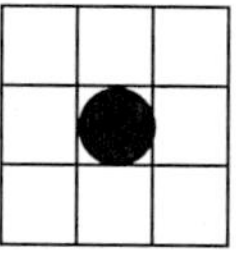

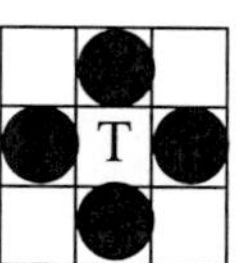

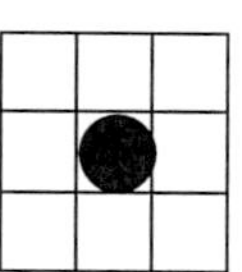

Figur 4-4

Die 7 Kombinationsfälle (*f, k, e; f + k, f + e, k + e, f + k + e*) ergeben also die 7 typischen Schachfiguren.

Nun ist es sehr bemerkenswert, dass der α-Kristall der (großen) Giraffe das *Hexakisoktaeder*, der 6 × 8-Flächner, ist. Dieses Polyeder mit seinem 48 Flächen (durch welche also die 48 Giraffenzüge gehen) ist nämlich *„der allgemeinste Kristall"*, des tesseralen Systems, d. h. aus ihm können *alle anderen* Holoeder, nebst ihren Varietäten und Übergängen, *abgeleitet* werden!

Hieraus folgt, dass *die Giraffe die allgemeinste Schachfigur ist* (N.B. in S^{III}), aus der die übrigen Figuren abgeleitet werden können.

Endlich folgt hieraus, dass, weil die Giraffe ($\sqrt{14}$; 123) die *erste* Markfigur ist, *der Primordial-Inhalt des F.B. einen allgemeinen Charakter trägt!*

Schematische Darstellung des Zusammenhangs der sieben Schachfiguren mit ihren Kristallen

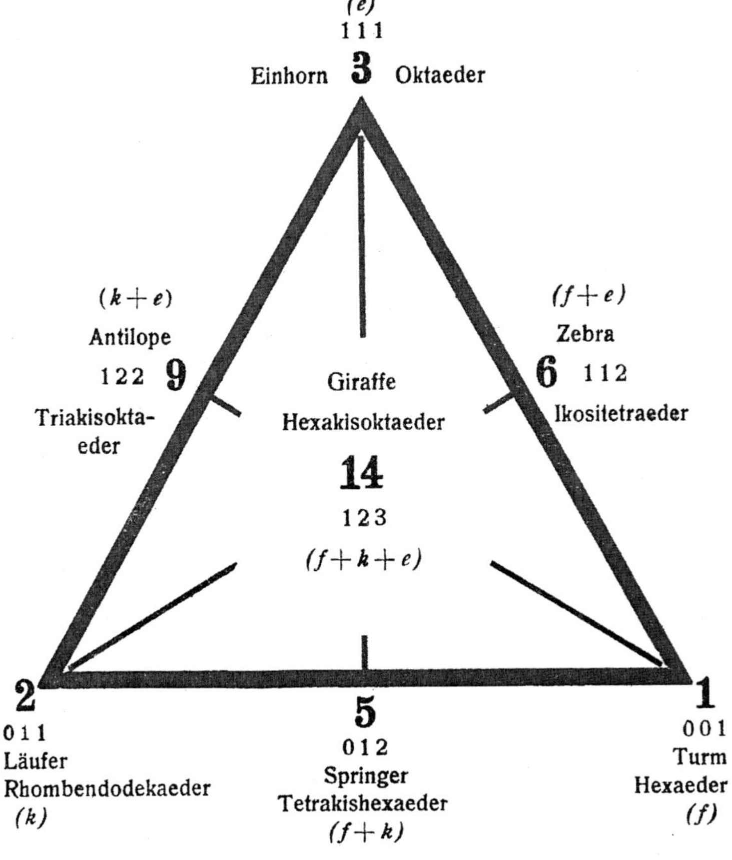

Figur 4-5

Analog liegen die Verhältnisse in S^{II}. Hier übernimmt der Springer ($\sqrt{5}$; 12) die Rolle der Giraffe. Er bildet das allgemeinste *Polygon* (ein Oktogon!), die allgemeinste Brettschach-*Figur* (Konstruktion magischer Quadrate!) und den *ersten* allgemeinsten *Inhalt* des F.B.

In Fig. 4-5 haben wir alle Zusammenhänge und Beziehungen zwischen Schachfiguren und Kristallen, die also keineswegs willkürlich, sondern streng mathematisch sind, noch einmal schematisch in Form eines *Dreiecks* zusammengestellt mit Bezug auf S^{III}. Für S^{II} wird das Dreieck zu einer *Linie*, nämlich *T* – *S* – *L*. Für S^{I} zu einem *Punkt*, nämlich für *T*. In S^{0} können überhaupt keine Figuren mehr *gezogen* werden, sondern nur *hingesetzt* und wieder fortgenommen werden, wie beim japanischen Go-Spiel.

Für den *vier*dimensionalen Schachraum S^{IV} wird das Dreieck Fig. 4-5 andererseits zum *Tetraeder*. Ins Zentrum des Tetraeders kommt die Figur $r = \sqrt{30}$, F.N. 1234. Von dieser allgemeinsten vierdimensionalen Figur können dann abgeleitet werden 4 + 6 + 4 = 14 anderen Figuren, die für S^{IV} typisch sind.

Es macht keine Schwierigkeiten, sich mit Hilfe der Koordinaten-Feldnummern in der vierten Dimension zu orientieren und es sogar zu einer gewissen „Anschauung" (Vorstellung) mehrdimensionaler Polytope zu bringen. Übrigens kann man auch „bequem" in der vierten Dimension Schach spielen, indem man als 4. Koordinate z. B. bei S^{III}_5 5 „Fünfer"-Modelle *linear* nebeneinander stellt: *A, B, C, D, E.* Das Feld *Cyc*3 ist dann das Zentralfeld von S^{IV}_5. Ein schwarzer König auf *Byc*3 oder *Dyc*3 steht durch einen weißen Turm auf *Cyc*3 in Schach.[13]

Das vierdimensionale Schachfeld (F^{IV}) ist ein sog. „Achtzell", d. h., ein räumliches Gebilde, welches *begrenzt* (nicht „umgeben" wird!) von 8 Räumen (R^{III}), 24 Flächen (R^{II}), 32 Kanten (R^{I}) und 16 Ecken (R^{0}). Während also F^{I} (die Strecke) begrenzt wird von *Punkten*; F^{II} (das Quadrat) von *Linien*, die sich in Punkten schneiden; F^{III} (der Würfel) von *Flächen*, die sich in Kanten-Linien und Eck-Punkten schneiden; wird F^{IV} (das Achtzell) begrenzt von *Räumen*, die sich in Flächen, Kanten und Ecken schneiden. F^{IV} besitzt also keine *„Oberfläche"*, sondern *„Oberräume"*! Daher muss ein vierdimensionaler F.B. mit Spiegel-*Räumen* belegt werden als Kaleidoskop.

Durch diese Grenz-Räume (R^{III}) zieht der Turm, durch R^{II} der Läufer, durch R^{I} das Einhorn und durch R^{0} als eine *neu* hinzutretende *vier*dimensionale *„Grund*figur" der „Ballon" (*Bl*). Sämtliche Figuren *avancieren* also und unten schließen sich für alle folgenden Mehrdimensionen sukzessive neue Figuren an.

In S^{IV} hat der *T* die Feldnummer 0001, der *L* 0011, das *E* 0111, der *Bl* 1111. Ihre Radien verhalten sich wie $\sqrt{1} : \sqrt{2} : \sqrt{3} : \sqrt{4}$. Da nun $\sqrt{4} = 2$, so liegt der zweischrittige Turmzug mit dem einschrittigen Ballonzug *isotop* auf der gleichen, durch die vierte Dimension gehenden Schachkugel.

Dies zur Orientierung über den ganzen Zusammenhang der Figuren-Verhältnisse.

---

[13] In den „Blättern für Raumschach" ist die Gangart aller Figuren in der vierten Dimension angegeben. – Wollte man in der *fünften* Dimension eine Schachpartie riskieren, dann müssten 25 Modelle *quadratisch* nebeneinander auf den Tisch gestellt werden. Die *sechste* Dimension erfordert den *kubischen* Aufbau von 125 Modellen; usw.

Betont sei noch einmal, dass wir für den zuerst etwas schwer zugänglichen *Begriff der Qualität* der Zahl nunmehr ein reiches konkretes *Anschauungsmaterial* beigebracht haben, bei dem man sich „etwas vorstellen" kann. Wir holen unser Beweismaterial aus der von den Brettschachisten bisher ganz einseitig und nur vom „phänomenalen" Standpunkt aus betriebenen Schachwissenschaft, indem wir quantitativ gleiche (radiusgleiche, isotope), aber qualitativ verschiedene (topologisch differente) Zahlen verknüpfen, 1. mit charakteristischen *Schachfiguren* und 2. mit charakteristischen *Schachkristallen.*

Die Schachfiguren und Kristalle haben der Zahl einen Charakter, ein bestimmtes Aussehen, eine *Physiognomie* gegeben. Wo aber die Zahl physiognomisch wird, da wird sie qualitativ. Und wo sie qualitativ wird, *da verliert sie ihre Identität*, ihre rechnerische Brauchbarkeit, also eigentlich sich selbst. Dafür gewinnt sie aber *Bedeutung*, erhält sie einen *Sinn*, ein charakteristisches *Aussehen*, ein *„Gesicht"*.[14] Übrigens kann man die 7 Schachfiguren auch noch mit anderen Dingen assoziieren. Z. B. mit den *7 Farben* (man hat bereits einen „Farbenkubus" konstruiert) oder mit den *7 Tönen.* Man kann eine Schachpartie *hören.* Eine Schachpartie ist eine Symphonie. Meistens freilich ein Gassenhauer.

Nun zurück zum *„ersten Inhalt"*!

Der Primordial-Inhalt trägt also den Charakter des *Allgemeinen*, noch nicht Spezifizierten und Determinierten. Also, obwohl er bereits individuell *eingeschlossener*, mit einer Oberfläche, Grenze, Haut versehener *Inhalt* ist, ist er doch in seiner Beschaffenheit noch identisch mit dem universellen *Aushalt.* Dieser Inhaltskeim vermittelt gewissermaßen die Außenwelt mit der Innenwelt.

Einen solchen *allgemeinen* Inhalt als *ersten* sehen wir ja überall in der Natur.

Eine Amöbe benutzt ihr primitives Protoplasma zur Nahrungsaufnahme und zur Stoffwechsel-Abgabe; als Sensorium für die Reize der Außenwelt und als Motorium für ihre Fortbewegung vermittelst Pseudopodien; als Fortpflanzungsstätte ihrer Art durch Teilung usw. Spezifische Organe für alle diese verschiedenen Funktionen existieren noch nicht. Die organisierte Arbeitsteilung tritt erst auf höherer Entwicklungsstufe ein.

Oder ein anderes Beispiel: Der erste Sinn ist das Gefühl. Ursprünglich fühlt, sieht, hört, riecht und schmeckt die *ganze* Haut. Erst allmählich differenzieren und *lokalisieren* (!) sich die einzelnen Sinnesorgane an der Peripherie und *demzufolge* sekundär im Nervenzentrum. Vom allgemeinen Gefühl lassen sich alle anderen Sinne ableiten; wie von der Giraffe die anderen Schachfiguren, wie vom allgemeinen Hexakisoktaeder die anderen Holoeder.

Und nun ein wichtiger Satz:

Das Allgemeine kann sich nur dann und nur dadurch spezialisieren und weiter differenzieren, dass es vom Ganzen *abgeschlossen* wird, dass es in Grenzen *eingeschlossen* wird. *Das aber ist nichts anderes als – Magie!* Die Natur ist der größte Magier. In der räumlichen Einschließung von Zahlen, Formen, Materie, Kräften, Bewegungen,

---

14 Ich empfehle das außerordentlich geistreiche Buch von *Rudolf Kassner*: „Zahl und Gesicht", Insel-Verlag Leipzig 1919.

Schwingungen, Strahlungen, Empfindungen ... *in der Klausur liegt die Begründung der Magie* als eines naturnotwendigen Geschehens.

Wenn etwas Neues entstehen soll, ist die *erste Regel*, das fundamentalste Prinzip: *Abschließung von der Außenwelt!*

Der Pflanzenkeim umgibt sich mit einer festen Schale und senkt sich in die dunkle Erde. Menschlicher Same und Ei treffen sich in der äußerst muskulösen Gebärmutter. Das Gehirn liegt in der harten Schädelkapsel – – und was dergleichen Beispiele mehr sind.

Der Alchemist verschließt seine Materie in das „Gefäß des Hermes". Der alte Magier zog seinen „Zauberkreis" um sich, um von der Umgebung sich abzusondern und die Dämonen und Geister in den Bannkreis einzuschließen; der moderne Magier „konzentriert seinen Willen". Der Mystiker versenkt sich „in sich selbst" – lauter Umschreibungen und Spezialfälle des einen großen magischen Klausur-Vorganges. Auch die Auguren grenzten mit einem Krummstab den für die Vogelschau bestimmten Platz ab. Der Tempel ist ein von der profanen Umgebung „abgeschnittener" (τεμνω) heiliger Raumbezirk. Das Kloster, claustrum, kommt von „claudere", einschließen. Die Loge ▭ ist ein heiliger Ort, an dem die Arbeit nicht von dem Geräusch der Welt gestört wird. Hütte, Haus, Zelt, Laube usw. dienen persönlichen Privatzwecken im Gegensatz zur freien, öffentlichen Straße usw. usw.

Der Zweck der Klausur ist ein doppelter: erstens *Zurückführung* der Kräfte auf den „*ersten* Inhalt" im eigenen Selbst, um dadurch einen unmittelbaren Anschluss an den *indifferenten* Aushalt zu bekommen, von dem allein er seinen Ursprung genommen hat; und zweitens, daran anschließend, erneute *Vorwärtsführung* der Kräfte zu höheren Formen und Funktionen.

Für die Verwandlung von „Blei" in „Gold" ist als Durchgangsstation die „Materia *prima*" erforderlich. Daher vor allem erst einmal „solvieren" und später wieder „coagulieren".

Ohne Regressus kein Progressus. Der Tod ist der Beginn des Lebens. „Und so lang' du das nicht hast, dieses *Stirb* und *Werde*" ... „Und neues Leben blüht aus den *Ruinen*".

Durch das „neue Leben" wächst dann schließlich das Individuum über die zur Beförderung seiner Entwicklung zuerst notwendigen Schranken und Grenzen seines Ichs hinaus, um sich mit DEM wieder zu vereinigen, wovon es im Wahn seiner „Selbstständigkeit" ausgegangen und abgefallen war. Der „Sündenfall" ist die Abschnürung des Individuums vom Ganzen, die Singularisierung, die Isolierung, die Autonomisierung, die Epidermisierung. Mit der „Haut" kam die Sünde in die Welt.

Wer die Sünde, das Böse, überwinden will, muss also vor allen Dingen erst mal wieder aus seiner Haut heraus, in die Umgebung, ins Andere, in das Reich des „Du". Das „ICH" stammt vom DU und muss wieder ins DU zurück. Die Ich-Werdung ist Magie, die Du-Werdung Demagie, Antimagie. Der erste Schritt zur Antimagie ist die Besinnung auf den „ersten Inhalt". Denn er ist identisch mit dem Aushalt, in dem wir leben, weben und sind.

Vom Aushalt zum Inhalt führt der Weg herab zum Einzelnen, zum Individuum, zum Menschen; vom Inhalt zum Aushalt wieder hinauf zum Ganzen, zu Gott.

Dieser Doppelweg (Anabasis–Katabasis) lag als klare Erkenntnis bereits den alten Mysterien zugrunde. Und alles kommt nur auf die erste „Wendung“ an. Diese mystisch-magische Metabole findet im „ersten Inhalt“ statt. „Kehre ihn um!“

4.2. In hohen Räumen

Mathematisch ist die Anzahl der Raumdimensionen unendlich. Denn wir können analytisch-geometrisch immer eine neue Koordinate hinzufügen. Aber es fragt sich doch, ob es nicht so etwas wie eine dimensional begrenzte *Qualität des Raums* gibt.
Die vierdimensionale Welt der Relativitätstheoretiker ist im Grunde genommen *drei*-dimensional. Denn hier wird die *Zeit* als vierte Dimension eingeführt, und zwar so, dass die 4 Koordinaten *x, y, z, t* beliebig miteinander *vertauscht* werden können. Diese „Minkowski-Welt“, die in interessanter Weise auch zur Erklärung vieler okkulter Phänomene herangezogen werden kann – übrigens haben schon lange vor *Einstein* Mystiker die Zeit als eine vierte Dimension angesehen – soll uns hier nicht weiter beschäftigen. Für uns ist und bleibt die Dimension *Raum* und nicht Zeit ...
Der Umstand, dass zur Auflösung aller ganzen rationalen Zahlen in Quadratzahlen höchstens *vier* Addenden nötig sind, hat uns schon früher Veranlassung gegeben, anzunehmen, dass wir mit vier Dimensionen auskommen können ...
Ebenso wurde bereits erwähnt, dass die Grenze eines vierdimensionalen Gebildes aus dreidimensionalen *„Oberräumen“* besteht (als Analogon zu der zweidimensionalen *„Oberfläche“* dreidimensionaler Gebilde).
Mithin könnte die ganze dreidimensionale Welt angesehen werden als die „Haut“ einer vierdimensionalen Welt. Dadurch wäre der dreidimensionale *Inhalt* zu einer vierdimensionalen *Form* geworden. Der Begriff eines Inhalts ist also sehr relativ. *Der Begriff der Form steht höher als der des Inhalts.* Ein gleicher Inhalt kann verschiedene Formen annehmen. Aber eine gleiche Form kann keinen verschiedenen Inhalt einnehmen. Denn der Inhalt der Welt, die Substanz der Welt (Materie, Stoff, Kraft, Geist ... oder wie man es nennen will) ist nun einmal gegeben. Aber die Formen sind nicht restlos gegeben. Man kann sich Formen denken – etwa mehrdimensionale – die in der phänomenalen Welt gar nicht realisiert sind.
Beschränkt man sich allerdings auf die dritte Dimension, dann sind auch die Formen determiniert. Die mathematische Kristallographie hat ausgerechnet (durch Bestimmung von Raumpunkt-Systemen und Raum-Gittern), wie viel verschiedene Kristallformen *überhaupt möglich* sind und realisiert werden können. Aber selbst dann ist *die Form das Primäre*, die der Materie ihre Gestalt von außen aufprägt. Der Kristall wächst in das Schema des Raumgitters hinein; wie ein Eisenbahnzug sich an die Figuration seiner ihm vorgeschriebenen Schienen und Bahnhöfe halten muss.
Genau das Gleiche gilt von den Formen der *Organismen*, von Pflanzen, Tieren und Menschen. Und es hat schon Forscher gegeben, die auch für die lebende Form eine Art Raumnetz, Raumgitter, *Raumkurven* konstruiert haben, in deren spiralförmigen,

eiförmigen oder sonstigen *Bahnen* sich alle Formen bewegen müssen.[15] Gleich *Fäden* oder Maschen durchqueren und durchdringen diese kosmischen Netzwerke die Organismen, wie wir es beim oktogrammatischen Netz an einem Beispiel veranschaulicht haben. Hier strömen sie *ein* – erzeugen *„innerhalb"* des Individuums körperliche und geistige Formen – dort strömen sie ins All wieder *aus*.

Wie die Schienen eines Zuges, einer Straßenbahn die *Richtung* angeben und festgelegt haben, in der sich die mit Passagieren besetzten Wagen bewegen müssen, so geben die *prä*formierten Raumgitter und Raumkurven ebenfalls die Richtung für die Gestaltung anorganischer und organischer, vitaler und psychischer Formen an.

Das vollendetste Richtungsspiel ist das Raumschach. Die Gangart der verschiedenen Figuren *„richtet sich"* nach dem kubischen Raumgitter der Schachfeldzellen ...

Ohne Raum keine Bewegung. In einem geordneten Kosmos ist aber jede Bewegung *gerichtet*. Sogar die mikroskopische, molekulare *Brownsche* Bewegung macht den Eindruck zickzackförmiger Springerzüge.

Man hat sich nun außer einer *äußeren* Richtung (Extensität) auch eine *innere* Richtung (Intensität) gedacht und die Annahme gemacht, dass eben diese nach innen gerichtete Bewegung in die *vierte* Dimension führe.

Uns sagt diese Hypothese nicht zu. In einem anderen Zusammenhang (bei der Betrachtung des hochwichtigen Problems, ob es „bloße" Bewegung, d. h. Bewegung ohne einen substanziellen „Träger" – Materie – geben kann) müsste man auf das Thema zurückkommen.

Der Bewegung ins Atom oder ins Elektron, Subelektron *hinein* würden Schachfiguren mit Radien von *negativer* Wurzelgröße entsprechen. Z. B. ein Turmzug mit $-\sqrt{1}$. Nicht $\sqrt{-1}$.

Die Mehrdimensionalität liegt m. E. nicht auf der negativen, sondern auf der positiven Seite, wo sie durch Hinzufügen weiterer Koordinaten entsteht ...

Interessant gestaltet sich nun das Verhältnis des sog. Inhalts zur Form, d. h. zur Oberfläche (richtiger Oberraum) in *sehr hohen Dimensionen*. Hier wird der Inhalt relativ immer geringer, kleiner, nähert sich asymptotisch der *Null, verschwindet* „praktisch". Einen schwindelfreien Leser lade ich zum Aufstieg in jene höchsten Regionen und zur Besichtigung der folgenden „Wunderkiste" ein, die mir Herr Professor *Adalbert Berny* in Wien schenkte.

Das *Volumen* der „Kugel" hat in der *fünften* Dimension (R^{V}) sein *Maximum*. Von da ab *konvergiert* es bei zunehmenden Dimensionen *gegen Null*. Umschreibt man also in R^{III} eine Kugel mit einem Würfel, so *verschwindet* in höheren und höchsten Dimensi-

---

15 Vor Jahren demonstrierte ein Hamburger Maler, *Hermann Carstens,* an Hunderten von Zeichnungen das Sicheinfügen von allen möglichen Objekten und Organen in ein geometrisches Weltgewebe. In seinem Buch: „Vom höchsten Beweise der Unsterblichkeit" (erster Teil), Hamburg, Kriebel 1910, kommt diese an sich richtige Idee leider nur zu einem unbeholfenen Ausdruck. – Interessant ist auch ein Heft des revolutionären „Ziegelbrenners" (6. Januar 1920): „Die Zerstörung unseres Welt-Systems durch die Mar-Kurve". – Die älteren Versuche von *Adolf Zeising*, alle Formverhältnisse auf die Proportion des „goldenen Schnitts" zurückzuführen, gehören auch hierher.

onen von R^{V} ab *das Volumen der Kugel immer mehr* gegen das entsprechend umschriebene Maßpolytop.
[Also das Volumen (Inhalt, Substanz, Materie) „verschwindet" nicht dadurch, dass die Richtung R^{+III}, R^{+II}, R^{+I}, R^{0}, R^{-I}, ... R^{-II}, d. h. die Richtung in das Punkt-Innere hinein, eingeschlagen wird, sondern umgekehrt durch die Richtung *zu*nehmender Dimensionen.]
Die *Oberfläche* resp. der Oberraum einer „Kugel" hat dagegen in der *siebenten* Dimension (R^{VII}) sein *Maximum.* Von da ab *konvergiert* er bei zunehmenden Dimensionen *gegen Null.*
Nun zur Wunderkiste!
Es sei eine *kubische Kiste* mit lauter gleichgroßen, einander berührenden, kubisch eingelagerten *Kugeln* gegeben. Dann kann man die Zwischenräume, die Interstitiallücken, der Kugeln mit *Sand* ausfüllen. Wir erhalten dann innerhalb der Kiste zwei Räume: 1. den Raum, den die Kugeln einnehmen (= *„Inhalt"*, Kugelraum) und 2. den Raum, den der Sand einnimmt (= *„Aushalt"*, Sandraum). Wenn wir jetzt die Kiste in höhere Dimensionen versetzen, dann geschieht Folgendes: Zunächst nehmen die Kugeln zu und wir haben auch mehr Sand nötig, um die Lücken zwischen den Kugeln auszufüllen. Bald jedoch vergrößern sich die Kugeln nicht mehr, sondern sie werden im Gegenteil immer kleiner und kleiner, in je höhere Dimensionen wir kommen. Dabei ist immer mehr Sand nötig, um die Lücken auszufüllen. Schließlich werden *die „Kugeln"* so klein, dass sie „praktisch" *verschwinden und nur noch Sand in der Kiste vorhanden ist! Trotzdem* ist die Kiste *von Kugeln so gestopft „voll"*, dass nicht eine einzige weitere Kugel in der Kiste Platz finden würde!
In unserer mehrdimensionalen Kiste hat also das „Milieu" der Kugeln, der Kugel-*Aushalt*, die äußere Umwelt, der „Raum" einen glänzenden Sieg über die Kugel-Individuen, den Kugel-*Inhalt*, die „Materie", davongetragen.
Die hochdimensionierten Kugeln – ob es Planeten, Apfelsinen oder Atome sind, ist gleichgültig – nähern sich immer mehr „Punkten". Der Raum (der schon in der *dritten* Dimension kaum Materie enthält; denn die gesamte Weltmaterie könnte, lückenlos zusammengepresst, in einem Litergefäß Platz finden!), der Raum wird schließlich von Materie *„leer"*, d. h., er wird zum Kontinuum. Je feiner die Materie, desto kontinuierlicher der Raum.
Durch die Hochdimensionierung wird die Materie immer subtiler, volatiler, bis sie schließlich „radikal solviert", „aus dem Wesen gesetzt", zur „quinta essentia", zur „materia *prima chaotica"* wird, d. h., zur *materia continua.*

5. Das Perisoma

5. 1. Der Begriff des Perisomas

Wenn wir ausgehen von der Existenz eines (oder mehrerer, vieler) *Weltraumgitter*, wovon wir „das oktogrammatische Netz“ als ein typisches Beispiel näher kennen gelernt haben; ausgehen vom Vorhandensein eines präformierten, irgendwie geformten Weltfadengewebes, in welchem die ganze Erscheinungswelt sich bewegt und von dem alle Dinge, Steine, Pflanzen, Tiere und Menschen *umgeben und durchdrungen* werden in allen möglichen *Richtungen*; – dann gelangen wir zu folgenden Konsequenzen:

1. Alles in der Natur ist *Form*. Es gibt keinen sogenannten von der Form wesensverschiedenen „Inhalt“. Die Form entsteht durch „regelmäßige allseitig unendliche Punktsysteme“ (wie man sich in der Theorie der Kristallstruktur ausdrückt), deren relativ fixierte Punkte zu Linien, Flächen und Körpern verbunden werden.
2. Es gibt in der Natur nichts Absolutes, Isoliertes, Autonomes; keine selbständigen Individuen. Jedes Ding ist relativ vom „Andern“ abhängig und allomatisch bestimmt. Die Individuen sind nur *Ausschnitte* Teilbezirke aus dem Weltnetz, dessen Punkte, Linien, Fäden, Strahlen, Maschen die Sektoren-Individuen durchkreuzen und durchqueren.
3. Die Natur als Ganzes entwickelt sich nicht. Es ist alles schon da! Es gibt keine Entwicklung des Ganzen, sondern nur Umformung, Umwandlung, *Veränderung*. Die einen Individuen drängen und stoßen die anderen in neue Gittergegenden des Weltraums hinein, während die anderen ihren alten Platz festzuhalten und zu verteidigen suchen. Genau wie beim Schachspiel. So entsteht Kampf, Leben, Bewegung, Formveränderung, Positionswechsel im Weltnetz. Die Richtungen, die Bewegungsarten sind vorgeschrieben; die Lageänderungen durch die feststehenden Punkte der Weltraumstruktur bestimmt. Die Raum- und damit verbunden die Zahlen-Gitterstruktur ist an sich starr. Sie repräsentiert das kosmische „Sein“. Ein „Werden“ (des Ganzen) gibt es nicht. Aber die Pluralität jener Gitter ermöglicht eine ungeheure Variation der Formen und täuscht dadurch eine lebendige Beweglichkeit, eine „Entwicklung“ der Einzel-Individuen vor. Das Sprunghafte jeder Entwicklung (Mutation) spricht sehr zu Gunsten starrer, fertiger Vorbilder („Ideen“). Ebenso das periodische Geschehen, der Rhythmus des Lebens. Die gleiche Wiederkehr von Erscheinungen beruht eben auf der bereits in den Gittern vorhandenen präformierten Periodizität.
4. *Nirgends in der Natur existieren scharfe Grenzen.* Alles fluktuiert und geht ineinander über, da das eine die Fortsetzung des andern ist. Kein Individuum hat eine glatte, vorsprungslose Haut; alle haben eine raue, eckige, strahlige Oberflächen, Grenze, „Peripherie“. Gleichgültig, ob diese Pseudopodien und Podien, Proliferationen und Effloreszenzen, Fühlhörner und Antennen sichtbare oder *unsichtbare* Fortsetzungen sind. Jedes Individuum ragt irgendwie in seine Umgebung hinein; hat Kontakt und Fühlung mit seiner Umwelt, seinem Aushalt. *Jedes Soma hat sein Perisoma.*

Mit diesem Perisoma, dem „Umkörper“ (Umkreis), der noch relativ zum Individuum gehört, dessen Aufgabe es aber ist, den Zusammenhang des Individuums mit dem Ganzen zu *vermitteln*, und zwar hin und her zu vermitteln, zentripetal und zentrifugal, sensorisch und motorisch – mit dieser unmittelbaren Umgebung des Individuums wollen wir uns etwas näher beschäftigen.

Das Perisoma bildet den *Übergang* vom Entosoma (Inhalt) zum Ektosoma (Aushalt), vom (scheinbaren) Autosoma zum (wirklichen) Allosoma. Es umgibt jeden Körper, unbelebten oder belebten, mit einer Schicht, Hülle, Sphäre, Aura von teils bekannten, teils unbekannten Stoffen und Kräften. *Jeder Körper ist also größer als er erscheint.* Denn er ragt extraepidermoidal mit seinem Perisoma aktiv und passiv in seine Umgebung hinein. Und zwar oft erheblich weit. Genau genommen durch das ganze Universum hindurch.

Im allgemeinen, und zwar speziell auch bei Menschen, vermittelt das Perisoma den Übergang von relativ festen zu relativ weniger festen, flüssigen, luftförmigen, ätherischen, astralen und höheren Aggregatzuständen der Materie. *Und umgekehrt!* Diese zentripetale (allomatische) Richtung ist, wie wir gleich sehen werden, für uns die Hauptsache.

Das Perisoma ist entweder sichtbar oder unsichtbar. Gewöhnlich unsichtbar. Unter gewissen Umständen und Zuständen kann es aber in außergewöhnlicher Weise subjektiv und auch objektiv wahrnehmbar gemacht werden.

Hierher gehören die physikalischen und chemischen und physiologischen Emanationen, Radiationen, Perspirationen des Individuums. Die Nervensphäre der älteren Physiologen, die biomagnetische Aura, das Od, die radioaktive Zone, das Ektoplasma, Teleplasma. Wichtig ist, dass sich in der perisomatischen Kraft- und Stoffschicht an bestimmten Stellen gewisse dynamische Zentren befinden, die optisch und ferromagnetisch, auch thermisch, in unmittelbarer Umgebung von Medien subjektiv durch Hellseher und objektiv durch Instrumente festgestellt worden sind. Die perisomatischen Kraft-Zentren liegen m. E. höchst wahrscheinlich an wichtigen Knotenpunkten des Raumgitters (an Bahnhöfen des kosmischen Eisenbahnnetzes).

Das Perisoma ist ferner entweder physischer oder psychischer Art.

Die *Physik des Perisomas* wurde oben schon angedeutet. (Auf eine vollständige und systematische Darstellung kommt es uns hier nicht an.)

Zur *Psychologie des Perisomas* gehört das *„zweite Gehirn“* (vom „materiellen“, physischen, morphologischen Standpunkt aus betrachtet) resp. das *„magische Ich“* (vom „geistigen“, psychischen, psychologischen Gesichtspunkt aus).

Das zweite Gehirn liegt nicht innerhalb des Organismus, obwohl es ihn durchdringt, sondern hauptsächlich außerhalb des Körpers, jenseits der Haut. Es bildet hier das ätherische, ultraätherische „Organ“ für das magische Ich. Seine Substanz besteht aus „okkulter Materie“ (Vgl. meine Schrift „Das zweite Gehirn“, Hamburg 1921).

Die verschiedenen „Schichten“ des Bewusstseins (Unterbewusstsein oder Überbewusstsein), von denen man spricht, sind nicht bildlich, sondern *wörtlich* zu verstehen. Das tiefste Unterbewusstsein „sitzt“ m. E. tatsächlich außerhalb des „ersten“ (anatomischen, intrazephalen, intrazerebralen) Gehirns; nicht in den „Ganglien“ des anatomischen, sympathischen Nervensystems, sondern im *nervenlosen* Perisoma. Oberbe-

wusstsein und (tiefstes) Unterbewusstsein sind räumlich getrennt lokalisiert, disloziert, biloziert. Das schließt nicht aus, dass es auch im „ersten Gehirn“ noch eine Art oder Sorte von (weniger tiefem) Unterbewusstsein gibt. Aber das „überindividuelle“, überpersönliche Bewusstsein liegt auch räumlich über oder um die Person.
Selbstverständlich huldigen wir nicht der erkenntnistheoretischen Hypothese (denn von einem „Beweis“ kann keine Rede sein, auch bei *Kant* nicht), dass der Raum bloß eine „subjektive Anschauungsform“ unseres Denkens ist. Höchstens könnte die *Drei*-Dimensionalität eine subjektive Anschauung sein. Für uns ist vielmehr der Raum etwas Reales, etwas unabhängig von uns „wirklich“ Vorhandenes. Sogar das ens realissimum. Das ist ja auch die Annahme vieler Philosophen und sogar Mystiker gewesen.

Nun sind wir endlich so weit, folgende These aufstellen zu können:
Das Periosoma ist der geometrische Ort magischer Phänomene. Die Geburtsstätte okkulter Erscheinungen. Hier, *an der Grenze*, drängen sich Innenwelt und Außenwelt, Inhalt und Aushalt, zusammen. Und an der Grenze, sagt schon Lichtenberg, liegen immer die merkwürdigsten Geschöpfe. Hier, im Bereich, im Bezirk der physischen und „psychischen Dinge außer uns“, ist das wahre Ursprungsland, die terra incognita der „Parapsychologie“. Und nicht innerhalb der vier Pfähle unserer Haut, dem Tummelplatz der offiziellen psychologischen Wissenschaft. Im Perisoma finden die Explosionen der „meta-psychischen“ Phänomene statt. (Dass mir dabei nur ja die „Psyche“ gerettet wird, diese Nullität unseres kosmischen Daseins! Es gibt ja immer noch Leute, und heute mehr denn je, die Okkultismus und „Parapsychologie“ identifizieren.)

Und nun, im Anschluss an die erste, gleich eine weitere These:
Das größte aller magischen Phänomene ist der Mensch.
Wenn der Raum, die Weltsubstanz, der Aushalt sich anschickt (angeschickt wird), einen sogenannten Inhalt zu bilden, dann kondensiert, konzentriert, er sich zunächst. Das Flüchtige wird (relativ) fest. „Fac volatile fixum.“ Das sogenannte Perisoma – „sogenannt“, weil der Ausdruck von einem zur Zeit noch nicht vorhandenen Soma, Endosoma, abgeleitet ist – stellt sich auf eine Grenze, Oberfläche, Haut, Ektoderm ein. Die Haut sondert zentripetal, nach innen zu, den Inhalt ab. Der Inhalt ist ein Enkret des Aushalts. Embryologisch: Das Ektoderm stülpt sich ein. Es ist von prinzipiell entscheidender Bedeutung, dass beim Menschen aus dem Ektoderm einerseits die peripheren Sinnesorgane, andererseits das Zentralnervensystem sich entwickeln. Diese längst bekannte morphologische Tatsache ist bisher philosophisch noch nicht beachtet resp. nicht genügend ausgewertet worden. Jene Bannung von Stoffen und Kräften in einen abgeschlossenen Raum, die Umformung eines Teils des Aushalts in einen begrenzten Inhalt, ist aber, wie schon früher erwähnt, ein *magischer* Vorgang. Alle Individuen verdanken einem magischen Akt ihr Dasein.
Wenn nun aber der Mensch das Resultat eines magischen Weltprozesses ist, so ist klar, dass er auch *umgekehrt* die in ihn gebundenen Kräfte wieder frei machen, wieder nach außen verlegen, „exteriorisieren“ kann. Der Mensch kann infolge dieses rückläufigen Prozesses – „fac fixum volatile“ – seinerseits wieder ein Magier werden. Ja, der

Mensch wird, da die kosmischen Kräfte seinen Sektor nur passieren, hier eintreten und dort wieder austreten, *geradezu gezwungen, sich magisch zu verhalten.* Die sogenannten magischen Phänomene sind also das natürlichste Ding von der Welt und durchaus kein außergewöhnliches Paraphänomen. Sie sind sogar die Hauptsache; und die „normalen" Erscheinungen bilden das „Nebenher". Über das Alltägliche müsste man sich wundern, über das Nichtmagische, und nicht über das Magische.

Es leuchtet ein, dass wir bei der primären Interiorisierung, dem *Entstehen* eines Inhalts, das Perisoma die Matrix ist, umgekehrt auch bei der Exteriorisierung, dem *Vergehen* eines Inhalts, das Perisoma als „Kraftfeld" wieder die Hauptrolle spielt. Diese Annahme entspricht ja auch den mediumistischen Tatsachen.

Aber *ein* großer Unterschied besteht doch zwischen der kosmisch-magischen Interiorisierung und der menschlich-magischen Exteriorisierung. Erstere führt zum *Leben*, letztere zum *Tode*. Die kosmische Magie ist *Aufbau*, die individuelle Magie ist *Abbau*.

Es ist bedeutungsvoll, dass, „solange alles wohl steht" und der Mensch gesund ist, sich nichts auffällig Magisches ereignet. Wenn aber Desorganisation, Krankheit, Tod eintritt; wenn „anormale seelische Zustände" (Hysterie, Hypnose, Somnambulismus, Trance usw.) vorhanden sind, dass dann der rechte Augenblick und der rechte Ort für das Auftreten magisch-mystischer Erscheinungen gekommen ist. Dann sind nämlich im Perisoma gewisse Widerstände und Hemmungen beseitigt. Der unter Druck gehaltene Inhalt kann wieder abfließen. Das geschieht sicherlich sprung- und etappenweise und vorübergehend und oft tritt völlige Wiederherstellung, Gesundung ein. Aber oft ist die Desorganisierung eine totale. Es tritt Tod ein. Die Todesstunde bildet bekanntlich eine hervorragende Quelle okkulter Erscheinungen. Das steht ganz mit unserer Auffassung im Einklang.

Wir haben also gesehen, dass das Perisoma in der „Magie des Raumes" einen wichtigen Platz einnimmt. Dass es berufen ist, die magischen Erscheinungen dem Rahmen der natürlichen Erscheinungen zwanglos einzugliedern.

Nicht unerwähnt möchten wir zum Schluss lassen, dass bekanntlich Zöllner gewisse mediumistische Erscheinungen mit Hilfe der *vierten* Dimension erklärt.[16] Die Phänomene in allseitig geschlossenen Behältern (Kavernenphänomene), Knoten-Experimente, Apporte und dergl., sowie auch gewisse groteske Materialisationen einzelner Glieder und Körperteile, ferner Hellsehen usw. lassen sich allerdings zwanglos durch höhere Dimensionen erklären. Es wäre nicht unmöglich, dass die im perisomatischen Bezirk zur Entbindung gelangenden Kräfte das transitorische Hereinragen höherer Raumdimensionen resp. Projektionen dortiger Gebilde ermöglichten.

---

[16] Vierte Dimension und Okkultismus - Über die vierte Dimension und Zöllners spiritistische Versuche mit Henry Slade von Prof. Johann Karl Friedrich Zöllner (Bohmeier Verlag).

5.2. Magisch-quadratische Formulierung des Perisomas

Wir haben wiederholt das magische Quadrat als *Individuum* betrachtet und dabei betont, dass es nicht von sich aus (automatisch), nicht von seinem *Inhalt* aus, sondern als begrenzter Ausschnitt aus einem arithmetischen und geometrischen Milieu nur (allomatisch) von diesem *Aushalt* aus richtig erklärt werden kann.

Obwohl nun das magisch-quadratische Individuum durch die Linien des Quadrats *scharf* begrenzt ist, erhebt sich doch die Frage, ob beim M.Q. – wie bei jedem Individuum – nicht ebenfalls eine Art Perisoma existiert resp. konstruiert werden kann.

Dies ist in der Tat der Fall; und zwar in doppelter Weise.

Es gibt 1. M.Q. mit magischen *„Einfassungen"* und 2. solche mit magischen *„Zonen"*.

Wenn bei konzentrischen Quadraten *jedes* eingeschlossene Quadrat (vom innersten kleinsten bis zum äußersten größten Quadrat; und daher auch das *ganze* Quadrat) magisch ist, heißt das Gesamtquadrat ein Quadrat mit magischen *Einfassungen* (carré magique par enceintes, gerändertes M.Q., magisch-magisches Q., doppelt-magisches Q.). Man kann also eine oder mehrere Einfassungen wegnehmen, ohne dass das übrig bleibende Quadrat aufhört, magisch zu sein.

Wenn dagegen bei konzentrischen Quadraten nur die einzelnen um die Peripherie herumgelegten Zahlen-*Reihen* magisch sind., d. h., jede weitere Reihe 2 mal horizontal und 2 mal vertikal die gleiche konstante Summe ergibt, dann heißt das Gesamtquadrat ein Quadrat mit magischen *Zonen*.

Ordnet man in letzterem Fall die Zahlen so an, dass die äußerste Zone die *kleinsten* Zahlen aufweist, die zweitäußerste die dann folgenden größeren Zahlen usw., also die Zahlen an Größe (resp. Gewicht, wenn die Felder entsprechend belastet gedacht werden) zentripetal zunehmen – dann verliert sich das Zahlensystem gewissermaßen perisomatisch in seine Umgebung.

1	2	3	4	5	6	7
8	9	10	11	12	13	14
15	16	17	18	19	20	21
22	23	24	25	26	27	28
29	30	31	32	33	34	35
36	37	38	39	40	41	42
43	44	45	46	47	48	49

Figur 5-1

1	2	3	4	5	6	7
14	13	12	11	10	9	8
15	16	17	18	19	20	21
28	27	26	25	24	23	22
29	30	31	32	33	34	35
42	41	40	39	38	37	36
43	44	45	46	47	48	49

Figur 5-2

1	3	6	10	15	21	28
2	5	9	14	20	27	34
4	8	13	19	26	33	39
7	12	18	25	32	38	43
11	17	24	31	37	42	46
16	23	30	36	41	45	48
22	29	35	40	44	47	49

Figur 5-3

Wir wollen hierbei gleich eine wichtige Tatsache konstatieren, die schon aus der Anlage *natürlicher* Zahlenzonen hervorgeht.

Ein Quadrat von 9 × 9 = 81 Feldern enthält um das Zentralfeld herum 4 Zonen von je 8, 16, 24, 32 Feldern. Schreibt man nun in die äußerste Zone die Zahlen 1–32, in die nach innen folgende die Zahlen 33–56, in die nächste Zone 57–72, in die letzte Zone 73–80 und ins Zentrum 81 und addiert man jetzt in jeder Zone alle darin vorkommenden Zahlen, so erhält man folgende 5 Summen: 528, 1068, 1032, 612, 81.
Man erkennt also hieraus, dass die Zahlen-„Dichte" der Zonen von außen nach innen *zuerst zunimmt* (528–1068), in der zweiten Zone ihr *Maximum* hat, um dann wieder nach innen zu *abzunehmen* (1068–81).
Es handelt sich hier um ein ganz *allgemeines Naturgesetz*, auf das wir schon früher hingewiesen haben (im Buch über „das zweite Gehirn"). Bei allen Individuen nimmt der Aggregatzustand ihrer Schichten zentripetal zuerst zu, dann wieder ab.
Ebenso wie beim Zahlen*quadrat* liegen die Verhältnisse beim Zahlen*kubus*.
Hieran ändert sich nichts, wenn aus den natürlichen Zahlenfiguren *magische* werden. –
Wir wollen jetzt die *Konstruktion* magischer Einfassungen und Zonen näher betrachten. Zunächst die Einfassungsquadrate.
Die Grundlage und der Ausgangspunkt für die M.Q. bilden die *natürlichen Quadrate*. Denn diese haben schon einen magisch-quadratischen „Charakter" und es kommt nur darauf an, diesen natürlichen Charakter zu verbessern und durch Umsetzungen, Verschiebungen, Drehungen, Spiegelungen usw. das unvollkommene M.Q. möglichst zu vervollkommnen.
Wenn wir z. B. in ein Quadrat von der Wurzel (Kantenlänge) 7 die Zahlen von 1–49 fortlaufend von links nach rechts (oder umgekehrt) *horizontal* (oder auch *vertikal*) hinschreiben, dann erhalten wir ein „Natürliches Quadrat" (Fig. 5-1). Je 2 zentrisch-symmetrische Zahlen, z. B. 1 + 49, 7 + 43, 12 + 38 usw. sind = 50 = 2 x 25 (Zentralzahl). $W^2 + 1$, im Falle $W = 7$ also = 50, heißt die „Polarkonstante" *(pc)* des magischen Quadrats. In Fig. 5-2 verlaufen die Zahlen *schlangenförmig*, abwechselnd von links nach rechts und von rechts nach links.
Wir können die Zahlen aber auch *diagonal* schreiben, wovon Fig. 5-3 ein Beispiel gibt. Auch hier sind je 2 symmetrische Ergänzungszahlen = 50.

1	2	3	4	5	6	7
24	25	26	27	28	29	8
23	40	41	42	43	30	9
22	39	48	49	44	31	10
21	38	47	46	45	32	11
20	37	36	35	34	33	12
19	18	17	16	15	14	13

Figur 5-4

1	2	3	4	5	6	7
8	25	26	27	28	29	9
10	30	41	42	43	31	11
12	32	44	49	45	33	13
14	34	46	47	48	35	15
16	36	37	38	39	40	17
18	19	20	21	22	23	24

Figur 5-5

1	2	3	4	5	6	7
8	25	26	27	28	29	13
9	30	41	42	43	33	14
10	31	44	49	45	34	15
11	32	46	47	48	35	16
12	36	37	38	39	40	17
18	19	20	21	22	23	24

Figur 5-6

Außer diesen natürlichen Quadraten „*erster* Ordnung“, bei denen die Zahlen *reihenweise* über das ganze Quadrat verlaufen, gibt es noch andere, ebenfalls natürliche Quadrate „*zweiter* Ordnung“. Hier sind die Zahlen *zonenweise* angeordnet, entweder mit den größten oder mit den kleinsten Zonen beginnend.

1	2	3	4	5	6	7
8	13	14	15	16	17	9
10	18	21	22	23	19	11
12	20	24	25	26	30	38
39	31	27	28	29	32	40
41	33	34	35	36	37	42
43	44	45	46	47	48	49

Figur 5-9

Den Übergang von den N.Q. I. Ordnung zu denen II. Ordnung bildet die *Spirale* Fig. 5-4. Aber, wie man sieht, genügt sie nicht dem Postulat, dass zwei symmetrische Zahlen sich zu 50 ergänzen. Wir müssen die Zahlen also *in anderer Weise* in die Zonen unterbringen. In Fig. 5-5 und 5-6 kommt zwar nicht die generelle Ergänzungssumme 50 vor, sondern es hat jede Zone für sich ihre spezielle Ergänzungssumme, nämlich 25, 65, 89 (oder, wenn statt 49 die Zahl 45 im Zentrum steht, 90).

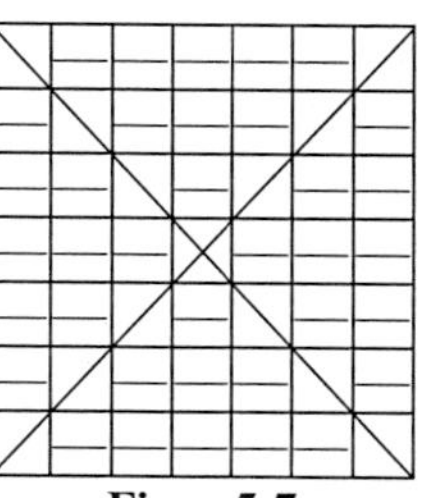

Figur 5-7

Fig. 5-5 und 5-6 haben gleiche Diagonalen und gleiche Mittellinien. Wenn man aber die Zählrichtungen markiert, dann sieht man sofort, dass Fig. 5-8 resp. die ihr entsprechende Fig. 5-6 den Vorzug hat, vor Fig. 5-7 resp. Fig. 5.5. Fig. 5-8 ist in sich geschlossener, kräftiger, zentrisch symmetrischer als Fig. 5-7.

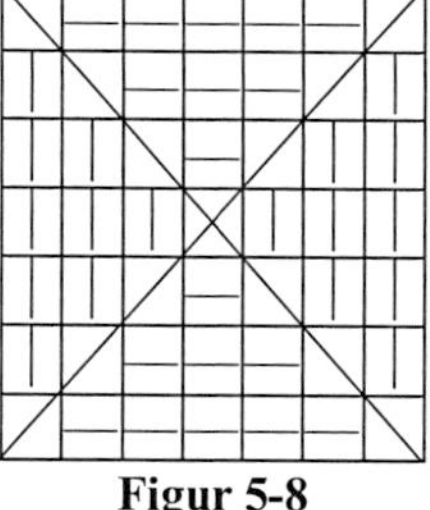

Figur 5-8

1	2	3	4	5	6	7
8	13	14	15	16	17	38
9	18	21	22	23	30	39
10	19	24	25	26	31	40
11	20	27	28	29	32	41
12	33	34	35	36	37	42
43	44	45	46	47	48	49

Figur 5-10

Wenn wir jetzt, nach diesen Vorbemerkungen, ein Quadrat mit magischen Einfassungen konstruieren wollen, so müssen wir zunächst das ihm entsprechende Quadrat mit *natürlichen* Einfassungen herstellen.

Eine kurze Überlegung belehrt uns, dass – während bei den Quadraten mit magischen *Zonen alle* kleinsten Zahlen (oder umgekehrt *alle* größten Zahlen) peripher (distal) liegen – bei den Quadraten mit magischen *Einfas-*

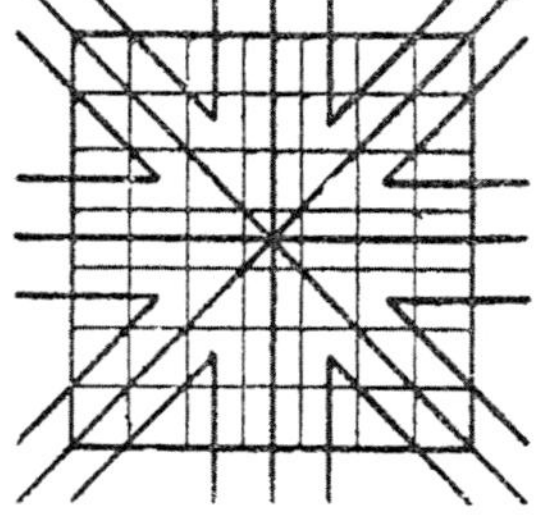

Figur 5-12

40	3	2	1	42	41	46
39	31	14	13	32	35	11
38	30	26	21	28	20	12
43	33	27	25	23	17	7
6	16	22	29	24	34	44
5	15	36	37	18	19	45
4	47	48	49	8	9	10

Figur 5-11

sungen jede Einfassung nur zur Hälfte aus den relativ kleinsten und zur anderen Hälfte aus den relativ größten Zahlen bestehen muss.

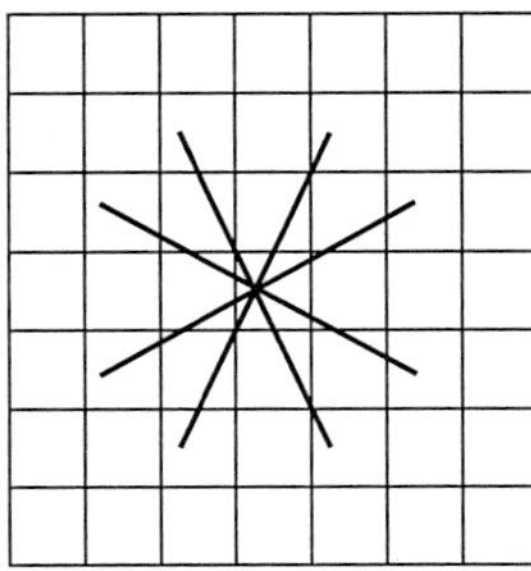

Figur 5-13

Beim Einfassungsquadrat von der Kantenlänge 7 besteht also die äußerste Einfassung aus den Zahlen 1–12 und 38–49, die folgende Einfassung aus den Zahlen 13–20 und 30–37, die folgende aus den Zahlen 21–24 und 26–29 und schließlich die Mitte aus der Zahl 25.

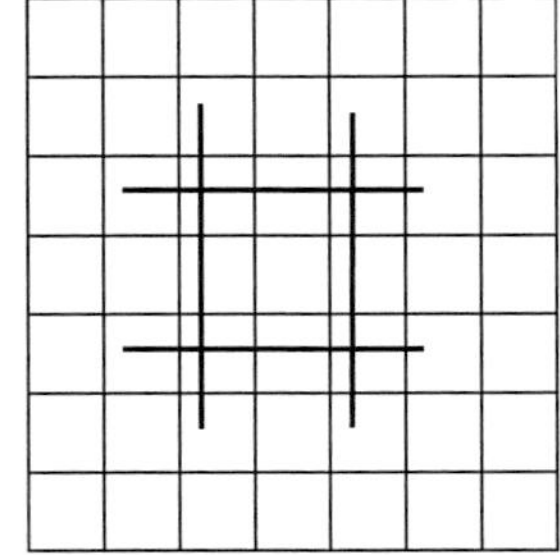

Figur 5-14

Die Zahlen müssen so angeordnet werden, dass 2 gegenüberliegende Zahlen die gleiche Summe (50) ergeben. Denn in diesem Fall kann man anstandslos, ohne die Magie des Rest-Quadrates zu stören, eine Einfassung nach der anderen fortnehmen.

40	1	2	3	42	41	46
38	31	13	14	32	35	12
39	30	26	21	28	20	11
43	33	27	25	23	17	7
6	16	22	29	24	34	44
5	15	37	36	18	19	45
4	49	48	47	8	9	10

Figur 5-15

Nach diesen Prinzipien konstruieren wir nun das *natürliche* Einfassungsquadrat, welches dem *magischen* Einfassungsquadrat zugrunde liegt; und zwar *nicht* wie es Fig. 5-9 zeigt – denn Fig. 5-9 würde der Anordnung in Fig. 5-5 und 5-7 entsprechen – sondern, wie es Fig. 5-10 zeigt. Denn Fig. 5-10 entspricht der Anordnung von Fig. 5-6 und 5-8.

Nun sind wir endlich so weit, um das N.Q. Fig. 5-10 in das gewünschte M.Q. Fig. 5-11 umwandeln zu können.

Die Verwandlung geschieht nach der *oktogrammatischen Methode*. Im N.Q. und im M.Q. sind die Diagonalen und Mittellinien *identisch*. Der Effekt der Oktogrammatisierung besteht nun darin, dass jene 4 Linien, die die Grundlage aller M.Q. bilden, in charakteristischer Weise um das Zentrum des Quadrates *gedreht* werden.

1	10	11	2	12	13	3
14	26	35	27	36	28	15
16	37	43	44	45	38	17
4	29	46	82	48	31	6
18	39	49	50	51	40	19
20	32	41	33	42	34	21
7	22	23	8	24	25	9

Figur 5-16

Nachdem die *oktogrammatische Torsion* jener *4 Hauptlinien* stattgefunden hat, brauchen nur noch die *zwischen* den beiden Kreuzen liegenden 8 x 3 = 24 Zahlen richtig gelagert zu werden. Das geschieht nach dem geometrischen Schema von Fig. 5-12.

Die Umlagerung der Zwischenzahlen ist eine doppelte.

1. Damit die im N.Q. Fig. 5-10 *zentrisch*-symmetrisch (also an Linien, die durch den Mittelpunkt des Quadrates gehen) liegenden Ergänzungszahlen im M.Q. Fig. 5-11 *parallel* zu den Kanten des Quadrats zu liegen kommen (um als Einfassung weggenommen werden zu können), verwandeln sich die Diagonalen in Parallele (also Springerzüge in *Turmzüge*), wie es Fig. 5-13 und 5-14 für die ersten 8 Zwischenzahlen zeigen, d. h., für 14, 16, 30, 32, 36, 34, 20, 18.

2. Die 8 geometrischen „Fundamentalbereiche" von Fig. 5-12 enthalten 8 „Winkel". Im Scheitelpunkt dieser Winkel liegen die ersten Zwischenzahlen, auf ihren Schenkeln die folgenden. Vergleicht man Fig. 5-10 und 5-11, so sieht man, dass die Schenkelzahlen vertauscht sind. Läuferzüge in Fig. 5-10 (z. B. 14–2) sind in Fig. 5-11 in *Turm*züge verwandelt; und umgekehrt. Auch die Hauptdiagonalen und Mittellinien wurden ja durch die Drehung entsprechend verwandelt.

Übrigens können auch die Zwischenzahlen – wie die beiden Diagonalen und Mittellinien – *oktogrammatisch* aufgefasst werden.

Mit Ausnahme des Zentralfeldes liegen alle übrigen 48 Felder des Siebener-Quadrates auf *fünf* konzentrischen Oktogrammen. Die 24 Feldzahlen der Diagonalen und Mittellinien liegen an den *Spitzen* der drei kleinsten Sternachtecke, die in ihrer *Ganzheit* vom Quadrat umschlossen werden. Die 24 Zwischenfeldzahlen liegen auf den *Seiten* der zwei größten Achtecke, die mit ihren Spitzen *die Peripherie* des Quadrats *überragen.*

Den geometrischen Figuren der Oktogramme in Fig. 5-11 entsprechen gewisse *andere* geometrische Figuren in Fig. 5-10 (und umgekehrt), wonach man aus dem N.Q. das M.Q. und aus dem M.Q. das N.Q. ableiten kann.

Die *rein geometrische* Konstruktionsmethode und Betrachtungsweise M.Q. hat vor der *rein algebraischen* Behandlungsart, wie sie meistens von Fachmathematikern geübt wird, verschiedene Vorzüge. Erstens kann sie wegen ihrer *Anschaulichkeit* von Nicht-Mathematikern leichter gehandhabt werden. Die algebraischen Konstruktionsformeln M.Q. sind oft schwer verständlich. Zweitens – und das ist der größte Vorteil – führt die Geometrie (Planimetrie und Stereometrie) sofort zu *Idealgebilden.*

6	10	11	1	24	25	8
14	31	35	26	42	33	15
16	37	48	43	50	38	17
7	32	49	82	45	28	3
19	40	44	51	46	39	18
21	27	41	34	36	29	20
2	22	23	9	12	13	4

Figur 5-17

1	44	42	41	38	2	7
3	13	34	33	30	15	47
4	14	24	29	22	36	46
45	32	23	25	27	18	5
40	31	28	21	26	19	10
39	35	16	17	20	37	11
43	6	8	9	12	48	49

Figur 5-18

So ist auch das von mir konstruierte und in Fig. 5-11 dargestellte Siebener-Quadrat mit magischen Einfassungen ein vollendetes Exemplar seiner Art, das kaum weiter zu vervollkommnen sein wird.

Dies erkennt man sofort, wenn man z. B. Fig. 5-11 mit Fig. 5-15 vergleicht.

Die beiden Diagonalen und die horizontale Mittellinie stimmen überein. Aber die vertikale Mittellinie von Fig. 5-11 verläuft in Fig. 5-15 als *geknickte Diagonale*. Verwandelt man Fig. 5-15 *zurück* in ein N.Q. (wodurch ich schließlich zu Fig. 5-10 und 5-11 gekommen bin), dann erkennt man noch weitere Mängel.

Fig. 5-15 stammt ursprünglich von dem um die magisch-quadratische Forschung sehr verdienten Mathematiker C. B. Mollweide (1816) her.[17] Sie ist Klügels „Mathematischem Wörterbuch“ (1823) entnommen und hat sich von hier aus durch andere Autoren über das M.Q. (Scheffler, Schubert ...) als Paradigma fortgepflanzt.
Gleiche geometrische Mängel weist Fig. 5-18 auf. Man suche z. B. die Mittellinie: 5, 18, 27, 25, 23, 32, 45 der Fig. 5-18 in Fig. 5-10 auf!
Fig. 5-15 und 5-18 sind zwar *arithmetisch* richtig konstruiert, aber *geometrisch* unrichtig.
Es sei noch ein berühmtes historisches Beispiel hier mitgeteilt von $w = 13$ (Fig. 5-19). Es ist konstruiert von Michael Stifel (Arithmetica integra, 1544),[18] „im Fache der reinen Mathematik vielleicht die größte Kapazität seines Jahrhunderts“. In seinen „Historischen Studien über die magischen Quadrate“ (Leipzig 1876) unterwirft Siegmund Günther diesen „Stifel“ einer sehr den, acht Seiten langen, arithmetischen Analyse. Wenn wir aber Fig. 5-19 mit dem dazu gehörigen natürlichen Quadrat Fig. 5-20 vergleichen, erkennen wir sofort, dass der große „Stifel“ schiefe Absätze hat! Ich habe sie als Epigonen-Schuster in Fig. 5-21 gerade gemacht, indem ich den Stiefel auf den *geometrischen* Leisten spannte (Fig. 5-22), den der Original-Schuster offenbar nicht gekannt hat. Übrigens können die Zwischenzahlen auch noch nach anderen geometrischen Figuren geordnet werden.

24	169	167	165	163	161	159	15	17	19	21	23	2
166	44	145	143	141	139	137	37	39	41	43	26	4
164	142	60	125	123	121	119	55	57	59	46	28	6
162	140	122	72	109	107	105	69	71	62	48	30	8
160	138	120	106	80	97	95	79	74	64	50	32	10
158	136	118	104	94	84	89	82	76	66	52	34	12
13	35	53	67	77	83	85	87	93	103	117	135	157
14	36	54	68	78	88	81	86	92	102	116	134	156
16	38	56	70	96	73	75	91	90	100	114	132	154
18	40	58	108	61	63	65	101	99	98	112	130	152
20	42	124	45	47	49	51	115	113	111	110	128	150
22	144	25	27	29	31	33	133	131	129	127	126	148
168	1	3	5	7	9	11	155	153	151	149	147	146

Figur 5-19

Aus Fig. 5-11 und 5-12 und 5-21 und 5-22 geht deutlich hervor – und daher haben wir uns länger bei diesem Gegenstand aufgehalten – dass der *geometrische* Aufbau der magischen Quadrate ein feineres und höheres Reagens für die Korrektheit der M.Q ist

[17] Vgl. meine ausführliche Literaturangabe über das M.Q. in „Wissenschaftliche Zeitschrift für Xenologie“, Juli 1899.

[18] Michael Stifel starb 1567. Er prophezeite den jüngsten Tag für 1533. Er war ein guter Freund von Luther. Seine „Arithmetica integra“ kam mit einer Vorrede Melanchthons heraus. Die magisch-quadratischen Einfassungen bezeichnete St. als ambitus, Umläufe.

als ihre „rein“ arithmetische Anordnung. Arithmetische Korrektheit schließt noch lange nicht geometrische Vollendung ein! *Beides gehört zusammen!* Für manche Nutzanwendungen magischer Quadrate ist die *geometrische* Vollendung geradezu Postulat. So z. B. für die magisch-quadratische Dechiffrierung des menschlichen Körpers oder der talismanischen Planeten-Sigille und Geister-Charaktere, worüber ich in der Wiener okkultischen Wochenschrift „Die andere Welt“ eine Abhandlung veröffentlicht habe.

Aus diesem Grunde halte ich es für erforderlich, dass das geometrische Moment auch in die *Definition* des magischen Quadrats aufgenommen wird:

„Ein (vollkommenes) magisches Quadrat ist ein in mehrere kleinere gleiche Quadrate geteiltes Quadrat, in dessen Felder die natürlichen Zahlen oder auch die Glieder einer beliebigen Progression so eingeschrieben sind, dass die bereits im entsprechenden natürlichen Quadrat vorkommenden Polarkonstanten solche Lage bekommen, dass nicht nur alle Horizontal-, Vertikal- und Diagonalreihen gleiche arithmetische Summen (Reihenkonstante) ergeben, sondern auch die magisch angeordneten Zahlen, verglichen mit der Zahlenlage des zugehörigen natürlichen Quadrats, geometrische Figuren von zentrischer Symmetrie bilden.“ –

1	2	3	4	5	6	7	8	9	10	11	12	13
14	25	26	27	28	29	30	31	32	33	34	35	146
15	36	45	46	47	48	49	50	51	52	53	126	147
16	37	54	61	62	63	64	65	66	67	110	127	148
17	38	55	68	73	74	75	76	77	98	111	128	149
18	39	56	69	78	81	82	83	90	99	112	129	150
19	40	57	70	79	84	85	86	91	100	113	130	151
20	41	58	71	80	87	88	89	92	101	114	131	152
21	42	59	72	93	94	95	96	97	102	115	132	153
22	43	60	103	104	105	106	107	108	109	116	133	154
23	44	117	118	119	120	121	122	123	124	125	134	155
24	135	136	137	138	139	140	141	142	143	144	145	156
157	158	159	160	161	162	163	164	165	166	167	168	169

Figur 5-20

Wir kommen jetzt zur Konstruktion von Quadraten mit *magischen Zonen.*

Die Zahlen schreiten zentripetal resp. zentrifugal fort von den relativ kleinsten zu den größten Zahlen. Nicht die *Quadrate* sind magisch, sondern nur die *Zonen*, d. h. die 4 Reihen jeder Zone besitzen eine (variante) Konstante.

Diese Abart M.Q. scheint bisher vernachlässigt worden zu sein. Wenigstens finde ich darüber nichts in der mir (augenblicklich) zugänglichen Literatur.

Wir konstruieren zunächst das N.Q. w = 7, Fig. 5-16 (nach oktogrammatischem Schema), indem wir in die äußerste Zone die kleinsten Zahlen eintragen. Um ohne weiteres oktogrammatisch verfahren zu können, setzen wir auch ins Zentrum eine Zahl; nämlich 5. Nachdem 1–9 eingetragen sind, werden die Zwischenfächer mit 10–25 angefüllt. Die zweite Zone beginnt mit 26, erhält im Zentrum 30 und endet mit 42.

Die dritte Zone hat zu Beginn 43, in der Mitte 47, am Ende 51. Im Gesamtzentrum liegt also die Zahl 5 + 30 + 47 = 82.

Durch Oktogrammatisierung *drehen* sich nun die Diagonalen und Mittellinien von Fig. 5-16 in die Lage von Fig. 5-17. Es erübrigt, die Zwischenzahlen unterzubringen. Wir lassen 10 und 11 liegen. Die Ergänzungszahlen 25 und 24 werden nun *nicht gegenüber* von 10 und 11 gelegt (wie es bei den Einfassungen der Fall war!), sondern *neben* 10 und 11. In der gleichen Weise wird mit den übrigen Zwischenzahlen verfahren. 42 kommt z. B. nicht vis-à-vis von 35 zu liegen, sondern in derselben Reihe daneben.

19	168	166	167	165	164	169	18	17	15	16	14	7
24	40	144	142	143	141	145	39	37	38	36	30	146
22	44	57	124	122	123	125	55	56	54	49	126	148
23	42	60	70	108	107	109	69	68	64	110	128	147
21	43	58	72	79	96	97	78	75	98	112	127	149
20	41	59	71	80	84	89	82	90	99	111	129	150
19	35	53	67	77	83	85	87	93	103	117	135	157
162	139	119	105	94	88	81	86	76	65	51	31	8
161	137	120	104	95	74	73	92	91	66	50	33	9
159	138	118	106	62	63	61	101	102	100	52	32	11
160	136	121	46	48	47	45	115	114	116	113	34	10
158	140	26	28	27	29	25	131	133	132	134	130	12
163	2	4	3	5	6	1	152	153	155	154	156	151

Figur 5-21

Man erkennt hieraus, dass zwischen den Quadraten mit magischen *Einfassungen* und denen mit magischen *Zonen* ein gewisses *reziprokes Verhältnis* besteht.

Die Reihenkonstante der äußersten Zone ist = 85, der mittleren Zone = 167, der innersten Zone = 141.

Die Summe aller Felder der äußersten Zone ist = 320, der mittleren Zone = 548, der innersten Zone = 376, des Zentrums = 82. Die *mittlere* Zone enthält also das *Maximum.*

Wir wollen auf diese magischen Zonen-Quadrate oder Quadrat-Zonen hier nicht näher eingehen. –

Während wir also einerseits magische Quadrate als in sich abgeschlossene *Individuen* haben und andererseits unbegrenzte magisch-quadratische Zahlen-*Netze* kennen – die man sich entweder in einer Ebene oder auf der Oberfläche einer *Kugel* oder eines Ringes liegend vorstellen kann –, ist im Vorstehenden bewiesen, dass auch der *Übergang* vom Individuum zu seiner Umgebung, das *Perisoma*, magisch-quadratisch erfasst werden kann.

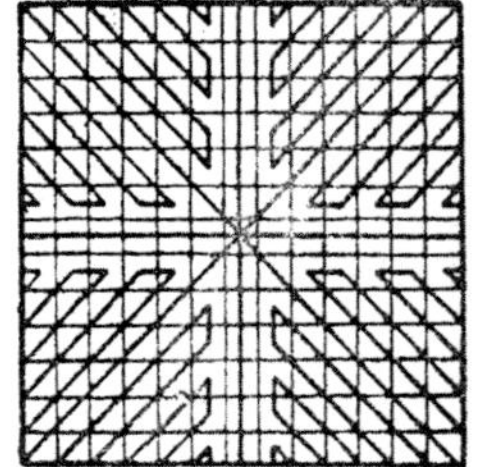

Figur 5-22

6. Magisch-quadratische Konstruktion und Dechiffrierung von Sigillen (grafischen Charakteren) der Planeten, Geister, Dämonen usw.

Zwei Gesichtspunkte sind es, die beim Studium der bereits von den Chaldäern und den Gnostikern der ersten christlichen Jahrhunderte in ihrer Amuletologie und Talismanologie zu astromagischen und theurgischen Zwecken benutzten „Zauberquadrate“ in den Vordergrund gerückt werden müssen:
1. Die *Geometrie* der magischen Quadrate und 2. die (von mir so genannte) *Polarkonstante* (*pc*) in den natürlichen und magischen Quadraten, Rechtecken und anderen magischen Figuren.
Denn die bekannte *arithmetische* Eigentümlichkeit der magischen Quadrate, die durch die *Reihenkonstante* (*rc*) zum auffallendsten Ausdruck kommt, ist nur ein *besonderer Fall*, ein Partikularaspekt in der umfangreichen Lehre vom magischen Quadrat.
Wir müssen daher zunächst auf die *grafische* Darstellung der magisch-quadratischen *Polarkonstante* resp. auf die *„Polarlinien“* hinweisen, mit denen die Charakter- und Siegel-Linienzüge eng zusammenhängen.
Wir gehen also nicht von den *fertigen* Siegeln aus, sondern wollen deren Entstehung auf *induktivem* Wege beweisen.

6.1. Magisch quadratische Geometrie

Arithmetik und *Geometrie der magischen Quadrate* gehören eng zusammen. Während die richtige arithmetische Anordnung der Zahlen die innere Voraussetzung für ein magisches Quadrat bildet, liefert die geometrische Linienführung ein äußeres *anschauliches Bild* von der Struktur des Quadrats.
Es ist keineswegs allein die äquilibrierte, von einer Reihenkonstante $(w^3 + w) : 2$, abhängige *arithmetische Lage* der Zahlen im Raum, die bei den magischen Quadraten das Interesse erweckte und fesselte (wegen ihrer ungeheuren Mannigfaltigkeit, verschiedenen Herstellungsart, der dabei stattfindenden Handhabung von Schachfiguren und -zügen, auftretenden arithmetischen Reihen verschiedener Ordnung, mannigfachen Konstanten und wegen ihrer spekulativen Verwendbarkeit bei periodischen und polaren Erscheinungen aller Art) – sondern nicht minder auch die *geometrische Struktur* und Figuration, welche entsteht, wenn man die magisch situierten und gruppierten Zahlen entweder total oder *partiell* unter einander durch *Linien* und Flächen (bei magischen Kuben) verbindet. Es kommen auf diese Weise geometrische Gebilde zustande, die teils durch ihre ästhetische Gesamtwirkung, teils durch ihre *bizarren und grotesken Formen* die Aufmerksamkeit des Mathematikers sowie des Geheimwissenschaftlers herausfordern.
Zu den kuriosesten Figuren gehören die sog. „Charaktere“ oder Sigille, welche die Magier und Theurgen bei der Zitation und Beschwörung von Geistern, Engeln und Dämonen benutzten.

Durch *Tritheim* („Steganographie") und *Agrippa* („Philosophia occulta") wurden einerseits die reinen (theoretischen) Mathematiker (französische und deutsche), andererseits die praktischen Okkultisten zur Beschäftigung mit den magischen Quadraten angeregt. Während erstere die magisch-quadratische *Arithmetik* zu hoher Blüte brachten (wenn auch keineswegs zur reifen Frucht), so wussten letztere bald nicht mehr, was ihre Zeichen und Figuren bedeuten, dass sie nämlich Gebilde der magisch-quadratischen *Geometrie* unter den Händen hatten. Das beweisen die wüsten Sigille, mit denen die mittelalterlichen „Zauberbücher" angefüllt sind, die teilweise schon vor der systematischen Bearbeitung seitens *Tritheims* und namentlich *Agrippas* existierten und handschriftlich kursierten. (Fausts Höllenzwang; Der schwarze Rabe; Clavicula Salomonis; Arbatel: Von der Magie der Alten; Semiphoras und Schemhamphoras Salomonis Regis; Honorius: Grimonium; Petrus von Abano: Heptameron; Herpentil: Begriff der übernatürlichen schwarzen Magie; Pneumatologia occulta et vera und viele andere).

Während *Agrippa* im 22. Kapitel des II. Buches seiner okkulten Philosophie bei jedem Planeten-Charakter deutlich auf die zugehörigen magischen Quadrate hinweist: *„Ihren Zahlen ward* auch das Siegel oder der Charakter des Saturn *entnommen"* ... (Ausgabe: *Scheible*, Stuttgart 1855, II. pag. 116) ... „Auch wird aus ihr (der Jupitertafel = M.Q.) der Charakter des Jupiter und seiner Geister *gezogen*" ... usw. .... *„Auf welche Weise* (!) aber die Siegel und Charaktere der Gestirne und ihrer Geister aus diesen (magisch-quadratischen) Tafeln entnommen werden, wird ein verständiger und nachdenkender Leser, *sobald er die Zusammensetzung der Tafeln begriffen hat,* leicht entdecken" (pag. 122) ... während so *Agrippa* selbst bei der Konstruktion und Herleitung der Sigille aus dem M.Q. noch ganz *mathematisch-exakt verfuhr*, kritzelten seine Abschreiber und Nachkömmlinge toll darauf los. Dadurch wurden die Siegel in ihren Formen nicht nur korrumpiert, sondern ihr Ursprung verwischt und fast unkenntlich gemacht. Daher ist es merkwürdig, dass unter den vielen gelehrten Okkultisten der letzten Jahrhunderte niemand Bedürfnis und Interesse gehabt hat, die exakte Form der Sigille einmal mathematisch zu *re*konstruieren – fast könnte man sagen: überhaupt zu *konstruieren*; denn unter den vielen Agrippa-Ausgaben sind eigentlich nur die Abbildungen der Folioausgabe von 1533 brauchbar.

6.2. Die Polarkonstante

Unter der *„Polarkonstanten"* (*pc*) verstehe ich eine *Zahl*, deren zwei Faktoren an den Enden oder Polen von *geraden Linien innerhalb* des M.Q. liegen.

Die beiden arithmetischen Faktoren können entweder *addiert* werden („positive" oder +*pc*) oder voneinander *subtrahiert* werden („negative" oder –*pc*). Die Zahl der +*pc* oder –*pc* steht in einem bestimmten Verhältnis zur Anzahl (N) der Felder des betreffenden Quadrats ($N = w^2$) oder Rechtecks ($N = w \cdot W$). Die meistens vorkommende +*pc* ist = $N + 1 = w^2 + 1$. Also z. B. im M.Q. $w = 3$ gleich $9 + 1 = 8 + 2 =$ usw. $= 10$. Die (nur in geradfelderigen Quadraten resp. Rechtecken mögliche) –*pc* beträgt $N : 2$.

Die gerade *Linie* der *pc*, die *„Polarlinie"*, kann eine verschiedene *Lage* haben. Entweder diagonal (*d*) oder vertikal resp. horizontal (*vh*). Geht sie durch die Mittelpunkt des Quadrats, dann heißt sie „zentrisch" (*zpc*); liegen ihre Endzahlen gleich weit vom Mittelpunkt ab, dann ist sie zentrisch-„symmetrisch" (*zspc*), im anderen Falle „asymmetrisch" (*zaspc*). Liegt sie den Diagonalen resp. Mittellinien parallel, dann haben wir „parallele" oder „azentrische" Polarkonstanten (*azpc*); ebenfalls wieder symmetrische oder asymmetrische (*azspc* oder *azaspc*).

Der allgemeine Begriff der Polarkonstante beherrscht die Lehre vom magischen Quadrat! Das heißt: vom M.Q. als isoliertes Individuum, nicht vom Zahlennetz aus gesehen. Obwohl die *pc* resp. ihre Linien auch im Netz konstruiert werden können (Polarlinientapete), bezieht sie sich zunächst auf das *abgegrenzte* M.Q. Ein M.Q. unterscheidet sich dadurch von einem N.Q., dass in ihm die Polarkonstanten *eine andere Lage* haben. Ist im *besonderen Falle* die *pc*-Lage eine derartige, dass *rc* entsteht, so haben wir es mit einem Gebilde zu tun, das man *gewöhnlich* „magisches Quadrat" nennt. Für wissenschaftliches Studium ist dieser vollkommene „Grenzfall" aber durchaus nicht immer erforderlich.

Wir erhalten also im ganzen 8 Fälle von *pc* (resp. unter Berücksichtigung von +*pc* und –*pc* 16 Fälle), die wir noch einmal übersichtlich zusammenstellen und durch einige Beispiele illustrieren wollen.

Übersicht der Polarkonstanten (pc):

I. Diagonale (*dpc*)
A. Zentrische (*dzpc*)
1. Symmetrische (<u>*dzspc*</u>)
2. Asymmetrische (<u>*dzaspc*</u>)
B. Azentrische (*dazpc*)
1. Symmetrische (<u>*dazspc*</u>)
2. Asymmetrische (<u>*dazaspc*</u>)

II. Vertico-horizontale (*vhpc*)
A. Zentrische (*vhzpc*)
1. Symmetrische (<u>*vhzspc*</u>)
2. Asymmetrische (<u>*vhzaspc*</u>)
B. Azentrische (*vhazpc*)
1. Symmetrische (<u>*vhazspc*</u>)
2. Asymmetrische (<u>*vhazaspc*</u>)

Den 8 Fällen entsprechen folgende Figuren:
1. Diagonal, zentrisch, symmetrisch (vgl. Fig. 6-1, 6-2, 6-3, 6-6, 6-7, 6-9, 6-10, 6-11, 6-12, 6-13, 6-14, 6-15, 6-16).
2. Diagonal, zentrisch, asymmetrisch (vhl. Fig. 6-4).
3. Diagonal, azentrisch, symmetrisch (vgl. Fig. 6-4).
4. Diagonal, azentrisch, asymmetrisch (vgl. unten).
5. Vertikal-horizontal, zentrisch, symmetrisch (vgl. Fig. 6-1, 6-2, 6-7, 6-8, 6-9).
6. Vertikal-horizontal, zentrisch, asymmetrisch (vgl. unten).
7. Vertikal-horizontal, azentrisch, symmetrisch (vgl. Fig. 6-5, 6-8, 6-11, 6-16).
8. Vertikal-horizontal, azentrisch, asymmetrisch (vgl. unten).

Erklärung der Figuren:

Fig. 6-1: N.Q.; *w* = 3; *N* = 9; +*pc* = 10 = *N* + 1; *dzs* (1–9, 3–7); *vhzs* (2–8, 4–6).

Fig. 6-2: M.Q.; *w* = 3; *N* = 9; *rc* = 15; +*pc* = 10 = *N* + 1; *dzs* (2–8), 4–6); *vhzs* (1–9, 3–7).

Fig. 6-3: N.Q.; *w* = 4; *N* = 16; + *pc* = 17 = *N* + 1; *dzs* (1–16, 2–15, 3–14, 4–13, 5–12, 6–11 usw.).

Fig. 6-4: M.Q.; *w* = 4; *N* = 16; *rc* = 34; +*pc* = 17 = *N* + 1; *dzas* (1–16, 2–15, 5–12, 6–11); *dazs* (3–14, 4–13, 7–10, 8–9).

Fig. 6-5: M.Q.; *w* = 4; *N* = 16; *rc* = 34; +*pc* = 17 = *N* + 1; *vazs* (1–16, 2–15, 3–14, 4–13 usw.).

1	2	3
4	5	6
7	8	9

Figur 6-1

4	9	2
3	5	7
8	1	6

Figur 6-2

1	2	3	4
5	6	7	8
9	10	11	12
13	14	15	16

Figur 6-3

1	14	4	15
8	11	5	10
13	2	16	3
12	7	9	6

Figur 6-4

12	13	7	2
8	1	11	14
9	16	6	3
5	4	10	15

Figur 6-5

4	14	15	1
9	7	6	12
5	11	10	8
16	2	3	13

Figur 6-6

Fig. 6-6: M.Q.; *w* = 4; *N* = 16; *rc* = 34; +*pc* = 17 = *N* + 1; *dzs* (1–16, 2–15 usw.).

Fig. 6-7: M.Q.; *w* = 5; *N* = 25; *rc* = 65; +*pc* = 26 = *N* + 1; *vhzs* (1–25, 5–21, 7–19, 9–17); *dzs* (2–24, 3–23, 4–22, 6–20, 8–18, 10–16, 11–15, 12–14).

11	24	7	20	3
4	12	25	8	16
17	5	13	21	9
10	18	1	14	22
23	6	19	2	15

Figur 6-7

2	23	28	13	8	17
29	12	1	16	27	14
22	3	24	9	18	7
11	30	5	20	15	26
4	21	10	25	6	19

Figur 6-8

23	34	9	30	21	4	11
8	17	22	35	10	29	20
33	24	31	18	5	12	3
16	7	26	1	14	19	28
25	32	15	6	27	2	13

Figur 6-9

1	2	3	4	5	6
7	8	9	10	11	12
13	14	15	16	17	18
19	20	21	22	23	24
25	26	27	28	29	30
31	32	33	34	35	36

Figur 6-10

Fig. 6-8: M. Rechteck; $w = 5$; $W = 6$; $N = 30$.
Hor.: 91 + 99 + 83 + 107 + 85 = 465.
Vert.: 68 + 89 + 68 + 83 + 74 + 83 = 465. Geschlossener Rösselsprung (30–1); –*pc* = 15 = *N* : 2. *hazs* (1–16, 2–17, 4–19, 5–20, 6–21, 8–23, 10–25, 11–26, 12–27, 13–28, 14–29, 15–30). *hzs* (3–18, 7–22, 9–24).

Fig. 6-9: M. R.; $w = 5$; $W = 7$; $N = 35$.
Hor.: 132 + 141 + 126 + 111 + 120 = 630.
Vert.: 105 + 114 + 103 + 90 + 77 + 66 + 75 = 630.
Offener Rösselsprung (35–1); +*pc* = 36 = *N* + 1.
vhzs (1–35, 3–33, 5–31, 6–30, 12–24); *dzs* (2–34, 4–32, 7–29, 8–28, 9–27, 10–26, 11–25, 13–23, 14–22, 15–21, 16–20, 17–19).

Fig. 6-10: N.Q.; $w = 6$; $N = 36$; +*pc* = 37 = *N* + 1. *dzs* (1–36, 2–35, 3–34 usw.).

Fig. 6-11: M.Q.; $w = 6$; $N = 36$; *rc* = 111; +*pc* = 37 = *N* + 1.
dzs (1–36, 6–31, 8–29, 11–26, 15–22, 16–21);
vhazs (2–35, 3–34, 4–33, 5–32, 7–30, 9–28, 10–27, 12–25, 13–24, 14–23, 17–20, 18–19).

Fig. 6-12: N.Q.; $w = 6$; $N = 36$; –*pc* = 18 = *N* : 2. *dzs* (1–19, 2–20, 3–21 usw.).

Fig. 6-13: M.Q.; $w = 6$; $N = 36$.
Hor.: 89 + 97 + 111 + 111 + 133 + 125 = 666.
Vert.: 71 + 107 + 101 + 137 + 107 + 143 = 666.
Geschlossener Rösselsprung (36–1); –*pc* = 18 = *N* : 2.
dzs (1–19, 2–20, 3–21 usw.).

Fig. 6-14: M.Q.; $w = 8$; $N = 64$; *rc* = 260; +*pc* = 65 = *N* + 1.
dzs (1–64, 2–63, 3–62 usw.).

Fig. 6-15: M.Q.; $w = 8$; $N = 64$; *rc* = 260.
Diag.: 216 + 304 = 520 = 2 · 260.
Geschlossener Rösselsprung (64–1); –*pc* = 32 = *N* : 2.
dzs (1–33, 2–34, 3–35 usw.).

Fig. 6-16: M.-M.Q.; (gerändertes M.Q.); $w = 8$; $N = 64$; *rc* =260 resp. 111; resp. 34; +*pc* = 65 = *N* + 1.
dzs (1–64, 8–57), (15–50, 20–45), (25–40 usw.).
vhazs (2–63, 3–62 usw.), (16–49, 17–48 usw.).

Es fehlen jetzt noch die 3 Fälle *dazas* und *vhzas* und *vhazas*.
Um diese zu veranschaulichen, gehen wir von Fig. 6-17 aus, d. h. von dem „unendlichen" M.Q. von $w = 5$, indem wir die Zentralzahl 13 gemäß Fig. 6-18 um ein oder zwei Felder verschieben. Mit anderen Worten: In Fig. 6-19 liegt 13 in der Mitte; in Fig. 6-20 20, in Fig. 6-21 22, in Fig. 6-22 9, in Fig. 6-23 5, in Fig. 6-24 11.
Man erhält dann den Fall *dazas* durch Läuferzugverschiebung bei Fig. 6-22 und 6-23; den Fall *vhzas* durch Turmzugverschiebung bei Fig. 6-20 und 6-21; den Fall *vhazas* durch Springerzugverschiebung bei Fig. 6-24.

6	32	3	34	35	1
7	11	27	28	8	30
24	14	16	15	23	19
13	20	22	21	17	18
25	29	10	9	26	12
36	5	33	4	2	31

Figur 6-11

1	2	3	4	5	6
7	8	9	10	11	12
13	14	15	16	17	18
36	35	34	33	32	31
30	29	28	27	26	25
24	23	22	21	20	19

Figur 6-12

8	17	4	31	10	19
3	30	9	18	5	32
16	7	24	33	20	11
29	2	15	6	25	34
14	23	36	27	12	21
1	28	13	22	35	26

Figur 6-13

8	58	62	4	5	59	63	1
9	15	51	53	52	54	10	16
48	18	22	44	45	19	23	41
25	39	35	29	28	38	34	32
33	31	27	37	36	30	26	40
24	42	46	20	21	43	47	17
49	55	11	13	12	14	50	56
64	2	6	60	61	3	7	57

Figur 6-14

31	38	23	48	33	10	27	50
22	47	32	37	28	49	34	11
39	30	45	24	9	36	51	26
46	21	40	29	52	25	12	35
3	44	57	20	61	8	53	14
58	19	4	41	56	13	62	7
43	2	17	60	5	64	15	54
18	59	42	1	16	55	6	63

Figur 6-15

1	62	63	4	5	58	59	8
56	15	49	48	44	19	20	9
55	47	25	36	32	37	18	10
11	22	39	30	34	27	43	54
53	42	38	31	35	26	23	12
13	24	28	33	29	40	41	52
14	45	16	17	21	46	50	51
57	3	2	61	60	7	6	64

Figur 6-16

21	3	10	12	19
15	17	24	1	8
4	6	13	20	22
18	25	2	9	11
7	14	16	23	5

Figur 6-17

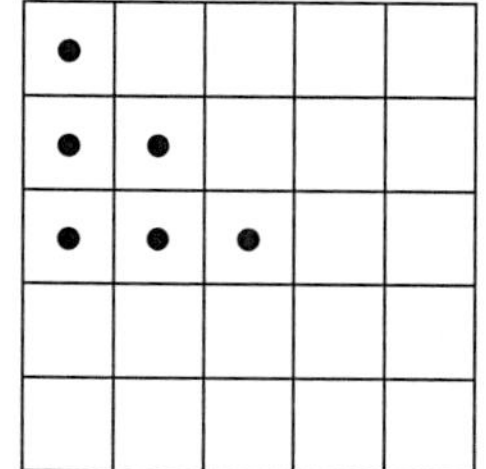

Figur 6-18

6.3. Die magischen Kreise und Kurven

Außer den *geraden* gibt es auch *gebogene* Linien (Kreise, Kurven), die zur Polarkonstante in Beziehung stehen (z. B. Fig. 6-25–6-29).

Schlägt man mit dem Zirkel vom *Mittelpunkt* des Quadrats aus Kreise, die durch die Mittelpunkte der übrigen Felder gehen, so bilden diese „magischen Kreise“ den geometrischen Ort für die Polarkonstante. Der Durchmesser der Kreise ist = *zspc*.

Der Radius dieser „Polarkreise“ entspricht bei ungeradwurzeligen Quadraten dem Radius einer Schachfigur.

Die Wirkungsfelder einer Schachfigur liegen beim Brettschach auf Kreisen (Schachkreise), beim Raumschach auf Kugeln (Schachkugeln).

Die Kreise und Kurven können auch *exzentrisch* liegen; und zwar entweder zwischen den Diagonalen (Fig. 6-27, 6-28, 6-29, 6-30) oder zwischen den Mittellinien (Fig.6-31). Zählt man dann *alle* Zahlen, die auf vis-à-vis-Kurven liegen, zusammen, so erhält man ein *Vielfaches* von *pc*.

Also angenommen, Fig. 6-27, bei der auf jedem kleinen Kreis 4 Zahlen liegen (weil er durch 4 Feld-*Mittel*punkte geht), wäre ein N.Q. von $w = 6$, dann hätte der obere Kreis den Wert: $3 + 4 + 9 + 10 = 26$; der untere Kreis $27 + 28 + 33 + 34 = 122$; $26 + 122 = 148 = 4 \cdot pc = 4 \cdot 37$. Der linke Kreis ist $= 13 + 14 + 19 + 20 = 66$; der rechte $= 17 + 18 + 23 + 24 = 82$; $66 + 82 = 148 = 4 \cdot pc = 4 \cdot 37$.

Zählt man *alle* (d. h. $4 \cdot 6$) interdiagonalen Felder zusammen, dann erhält man: $33 + 189 = 98 + 124 = 222 = 6\,pc = 6 \cdot 37$.

Man kann nun das Quadrat noch weiter zurück “polarisieren“, indem man vom Wert jedes Quadranten den vorhergehenden abzieht. Dividiert man dann alle 4 Werte durch 13, so erhält man schließlich die einfachen Pole $\pm$ 5 und $\pm$ 7, die noch auf + *w* reduziert werden können. Also:

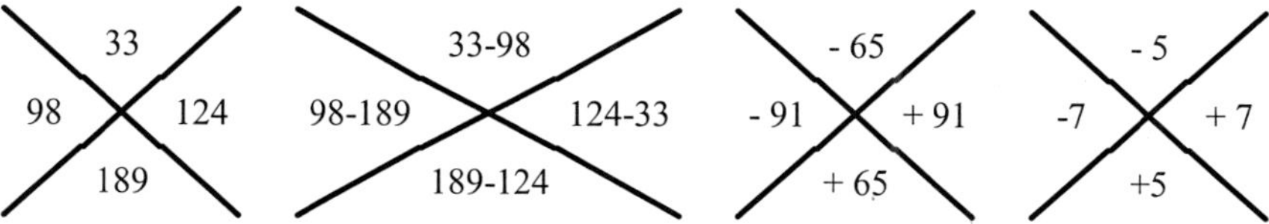

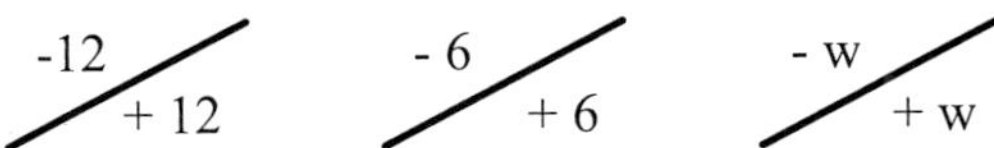

Wer Zeit und Lust hat, polarisiere in der angegebenen Weise einmal die Quadrate von $w = 0$ bis 10, und er wird zu überraschend gesetzmäßigen Reihenresultaten kommen.
Es muss noch darauf aufmerksam gemacht werden, dass auf den Kurven nur diejenigen Zahlen liegen, durch deren Feld*mittel*punkte die Kurven gehen.
Wäre z.B. Fig. 6-28 ein N.Q. von $w = 7$, dann würden auf der rechtsseitigen Kurve nur die drei Zahlen 14 + 26 + 42 liegen. In Fig. 6-29, $w = 8$, würde die flache rechtsseitige Kurven nur die zwei Zahlen 16 und 56 miteinander verbinden.
Dies ist bei der Dechiffrierung der Sigille sehr zu beachten, wenn durch eine auffällige Kurve oft nur noch *eine* an der polarkonstanten Summe fehlende Zahl von weither herangeholt werden soll. So holt z. B. die rechtsseitige sichelförmige Kurve im Venus-Charakter die noch fehlende Zahl 29 heran. (*Agrippa*, a.a.O., II., S. 136. – Vgl. auch das Liebesamulett der Katharina von Medici bei *Laars*, Talismane, S. 168)

6.4. Physik der Polarlinien (Chladnische Klangfiguren)

Wir wenden uns jetzt von der Mathematik (Arithmetik und Geometrie) der Polarlinien zu ihrer Physik.
Die Konfiguration der geraden und gebogenen Polarlinien erinnert lebhaft an die *Chladnischen Klangfiguren*, ja ist m. E. mit ihnen geradezu identisch. Hierdurch kommt nun das neue Moment der *„Schwingung"* in unsere Betrachtung hinein. *Wir können magische Quadrate und Figuren hören*; und zwar in den verschiedensten Tönen!
Bestreut man eine im Zentrum fixierte quadratische Glasplatte gleichmäßig mit Sand und streicht sie am Rande mit dem Violinbogen, während man bestimmte Punkte mit den Fingern berührt, so setzt sich der Sand in Bewegung und ordnet sich zu charakteristischen Figuren, die den uns bereits bekannten Polarfiguren entsprechen. In den Figuren 6-30–6-34 sind die Punkte, wo der Violinbogen anzusetzen ist, mit *v*; wo die Platte mit den Fingern festzuhalten ist, mit *a* bezeichnet. Wo die Platte sand*frei* geworden ist, sind *Schwingungen* vorhanden. *Die Sandlinien markieren die ruhenden Knotenlinien.*
In der Praxis, beim Experiment, bilden die polaren Knotenlinien keine mathematisch *scharfen* Linien, sondern strichförmige Sandanhäufungen (Fig. 6-35).
Nimmt man statt des Violinbogens einen Magneten und statt des Sandes Eisenfeilspäne, dann erhält man die bekannten *magnetischen Kraftlinien,* deren Kurven ebenfalls vom *pc*-Standpunkt aus betrachtet werden können.
Auch der *kosmische Staub* ordnet sich durch Weltallschwingungen zu Knotenlinien, an deren *Knotenpunkten Planeten entstehen.*
Es ist hier nicht der Ort, auf diese und viele andere Analogien näher einzugehen.

6.5. Biologie der Polarlinien (Vermehrung durch Verschiebung)

Man kann Fig. 6-19 ($w = 5$) als eine *Zelle* ansehen von radialzonaler Struktur. Fig. 6-19 zeigt die Radien; Fig. 6-26 (ebenfalls $w = 5$) die Zonen. Mit dieser Zelle ist in Fig. 6-20 eine „Veränderung" vorgegangen; *es ist* (rechts) ein *zweites Kern-Zentrum aufgetreten!* Das zweite Zentrum ist in Fig.6-21 noch mehr „gewachsen", während das erste Zentrum (links) „atrophiert". In Fig. 6-22, 6-23, 6-24 sind sogar plötzlich *vier Gebilde* aufgetreten!

Was ist hier geschehen?

Hat sich der *eine* Zellkern *„innerhalb"* Fig. 6-19 etwa „geteilt"? Oder hat er eine „Knospe" (Sprosse) bekommen? Auf welche Weise sind die neuen „Kernbildungen" zustande gekommen?

Nun, wir sind hier einer ganz neuen Lösung des Problems der „Vermehrung" auf die Spur gekommen. Wir haben eine neue Art der *Vermehrung durch Verschiebung* (Veränderung der *räumlichen* Lage) entdeckt. (Im Zeitalter allgemeiner „Schiebung" jedenfalls eine ganz zeitgemäße Entdeckung!)

Die Fig. 6-19–6-24 sind aus dem „unendlichen" M.Q. Fig. 6-17 hervorgegangen.

Man nehme daher ein kariertes Blatt Papier zur Hand, schreibe in die Mitte Fig. 6-17 und achtmal darum herum ebenfalls Fig. 6-17. Nun mache man sich aus einem Stück Karton einen Rahmen, der die Lichtung von Fig. 6-17 hat. Wenn man den Rahmen oder das Fenster so auf das Zahlennetz (neunmal Fig. 6-17) legt, dass die Zahl 13 im *Zentrum* ist, dann erblickt man im Rahmen die Zahlen von Fig. 6-19. Alle *pc* liegen zentrisch-symmetrisch; z. B. $21 + 5 = 26$ usw.

Verschiebt man nun die Zentralzahl 13 um ein Feld horizontal nach links (Turmzug, Fig. 6-18) oder, was dasselbe ist, den Fensterrahmen nach rechts, so dass die Zahl 20 ins Zentrum tritt, dann erhalten die Polarlinien die Lage von Fig. 6-20.

Zwei Turmzüge nach links ergibt Fig. 6-21; ein Läuferzug nach links oben: Fig. 6-22; zwei Läuferzüge: Fig. 6-23; ein Springerzug: Fig. 6-24.

Damit sind die Möglichkeiten im Fundamentalbereich $W = 5$ erschöpft.

Die neuen *pc*-Zentren sind also *nicht „aus"* den alten „automatisch" durch „Entwicklung" entstanden, sondern unmittelbar aus dem Zahlennetz „allomatisch" durch „Schöpfung" zutage getreten.

Die neuen Zentren bezeichne ich als „sekundäre", weil ihre Mittelpunkte nicht mit *Feld*mittelpunkten zusammenfallen. Auf der *Peripherie* des Quadrats Fig. 6-19 liegen 8 von solchen sekundären Zentren: 4 in den Kantenmitten und 4 in den Ecken. Sie sind im „Aushalt" des Quadrats, im Netz, präformiert, transzendental; und *werden erst durch die Verschiebung phänomenal*, d. h. Bestandteile des Quadrat-*„Inhalts"*.

Wenn man *alle* Polarkonstanten des Zahlen*netzes* zeichnet, erhält man eine sehr interessante „Tapete". Betrachtet man diese durch das „Fenster", so ergeben sich wunderbare Ausblicke, deren Schilderung hier zu weit führen würde.

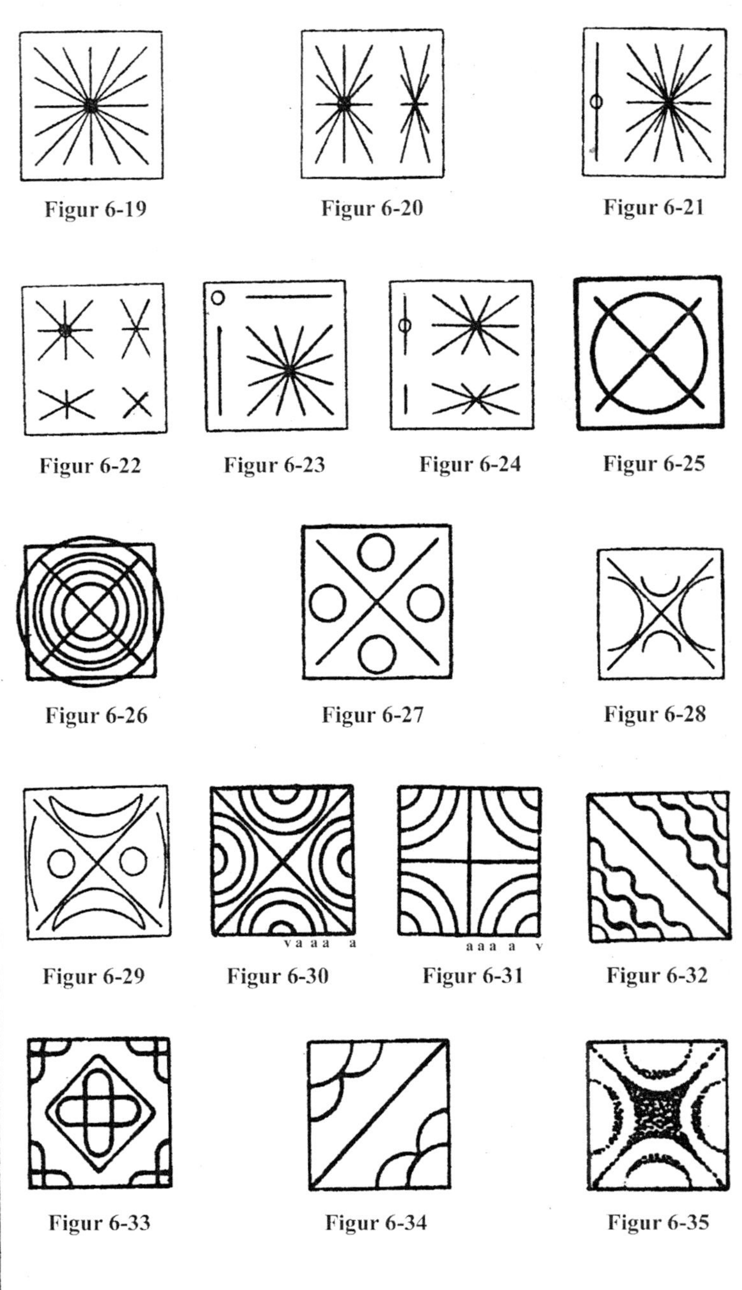

Figur 6-19 Figur 6-20 Figur 6-21

Figur 6-22 Figur 6-23 Figur 6-24 Figur 6-25

Figur 6-26 Figur 6-27 Figur 6-28

Figur 6-29 Figur 6-30 Figur 6-31 Figur 6-32

Figur 6-33 Figur 6-34 Figur 6-35

6.6. Symbolik der Polarlinien (Sigille, Charaktere ...)

Die grafischen Charaktere oder Sigilla, Signacula, Imagines, Figurae der Planeten, zodiakalen Sternbilder, Fixsterne, Mondstationen, Tag- und Nachtstunden, Weltgegenden resp. die ihrer guten Geister (Intelligenzen) und bösen Dämonen, und wahrscheinlich auch die Siegel der Erzengel, Erzväter, Psalme, der Sephirots usw. sind trotz aller Fantastik *keine willkürlichen Zeichen* und Zeichnungen, sondern stellen *in ihrer ursprünglichen*, reinen, von Nachschreibern noch nicht korrumpierten *Form mathematische Linien dar, die magischen Quadraten entnommen* wurden. Und zwar handelt es sich um eine *Kombination von Polarlinien*, d. h. von Linien, die durch die Mitten solcher Zahlenfelder gehen, deren *Summe ein Multiplum der Polarkonstante* ergibt.

Solche Charakterfiguren oder Anklänge daran *sind in unserem bisherigen Figurenmaterial bereits vertreten!* Wir sind *induktiv* in die bunte Welt der Sigille hineingewachsen.

Wenn nun die Sigille aus M.Q. *extrahiert* sind, muss es auch umgekehrt möglich sein, die *fertigen Sigille zu dechiffrieren,* d. h., die Zahlen festzustellen, deren Lage und Wert die grafischen Zeichen gefolgt sind. Das ist denn in der Tat auch der Fall.

Die *magisch-quadratische Enträtselung der Sigille* ist aber mühsam und zeitraubend und nur mit Aufwand von vielen Quadraten und Figuren zu beschreiben. Ich muss daher auf meine früheren Abhandlungen über diesen Gegenstand verweisen.[19]

Die Hauptsache ist, dass das allgemeine Konstruktions*prinzip* der Sigille wieder erkannt und exakt bewiesen ist. Im Übrigen und Einzelnen müssen *hier* folgende Hinweise und Beispiele genügen:

Saturn. Verbindet man in dem Abakus $w = 3$ (Fig. 6-2) die Zahlen 1, 2, 3 miteinander und ferner durch einen zweiten Winkel die Zahlen 7, 8, 9 und zieht schließlich die Linie 4, 5, 6, so erhält man den Charakter des Saturn.

Für die Charaktere seiner Intelligenz und seines Dämons kommt man mit *einem* Quadrat nicht aus! Man muss ein „Netz“ anfertigen, d. h., das Quadrat *in der Fläche repetieren.* Den zahlenmäßigen Nachweis habe ich in der „Andern Welt“ erbracht.

Jupiter. Sein Siegel ist identisch mit Fig. 6-25.

Sonne. Das Siegel der Sonne ist nach Fig. 6-28 aufgebaut. Auf unserer Abbildung (Fig. 6-36), die dem schönen Buch von R. H. *Laars* „Das Geheimnis der Amulette und Talismane“ (urspr. Talisverlag Leipzig)[20] entnommen ist, sind die Bogen fälschlich *doppelt* gezeichnet. Mehrfache Bogen treten erst beim Mondcharakter (nach Fig. 6-29 konstruiert) auf.

---

19 „Die andere Welt“ (Wien), „Psyche“ (Berlin), „Das Rosenkreuz“ (Hamburg).

20 Das Buch der Amulette und Talismane - Talismanische Astrologie und Magie - Behandelt die Lehre von den astrologischen und magischen Kräften, edler und halbedler Steine, Korallen, Perlen, Metalle, Zahlen, Farben und Gerüche unter Bezug auf frühgeschichtliche, antike, germanische, moslemische und buddhistische Traditionen... von R. H. Laarss (Neuauflage im Bohmeier Verlag).

Figur 6-36

Das Sonnensiegel bestreicht *alle* Felder des M.Q.; nämlich außer den 12 Diagonalfeldern; 1.) 19, 32, 27, 28, 35, 24; 2.) 18, 5, 10, 9, 2, 13; addiert = 222 = 6 ·37; ebenso 3.) links und 4.) rechts.

Statt der Springerzüge in den Ecken kommen als *Variante* Läuferzüge vor, welche die Bogen verbinden: 7–32, 35–30, 12–2, 5–25. Auch Turmzüge finden sich: 7–27, 32–14 usw. Solche kleinen Abweichungen in der Form der Siegel sind erlaubt, vorausgesetzt, dass die „Harmonie“ der Zahlen (d. h. *mpc* [Multiplum der Polarkonstante]) dadurch nicht gestört wird!

Das (rechts vom König befindliche) Zeichen der Sonnen-*Intelligenz* erfordert nebeneinander liegende Wiederholung des M.Q. Alsdann erhalten wir folgende Zickzacklinie: (1) (6, 32, 3, 34, 35, 1) (6) (30, 23, 21, 10, 20, 19, 18, 25, 36) (6, 7). Summe = 333 = 9 · 37.

Die Dechiffrierung des (auf der Abbildung nicht enthaltenen) Zeichens des Sonnen-*Dämons* ist folgende: (33, 4, 2, 31, 26, 21, 16, 11, 6) (im darüberstehenden Quadrat: 36, 5) (im links danebenstehenden Quadrat: 1, 30). Die Zahlen 6, 36, 5 resp. 6, 1, 30 liegen auf Kreisen. Summe = 222 = 6 · 37.

Merkur. In den 4 Ecken des Quadrats 4 Dreiecke, die in ihrer Größe *variieren* können: z. B. 32, 23, 14, 5, 59, 58, 8, 49, 41 oder 41, 15, 59, 58, 8, 49 oder 49, 58, 8, was dann mit 8 allein in Fig. 27 übergeht. Analog in den 3 anderen Ecken. Auch spitzwinklige Dreiecke kommen vor: 23, 14, 8.

Und so weiter. Das Prinzip der Konstruktion und Berechnung ist überall dasselbe. Das erste Erfordernis ist stets die Bestimmung der *Größe* (*w*) des M.Q.

Die M.Q. der *Planeten* sind allbekannt. Bei den Sternbildern des *Tierkreises* werden von den Alten nur *Rudimente* von M.Q. angegeben, die man also erst ergänzen und vervollständigen muss, um über die Größe des Q. Klarheit zu erlangen.

Die den zodiakalen Charakteren entsprechenden M.Q. erfordern eine gesonderte Betrachtung. Ebenso die sonstigen astrologischen, dämonologischen usw. Sigille.

Zum Schluss nur noch ein Wort „von den Zeichen und Merkmalen der *natürlichen* Dinge“.

6.7. Natürliche Sigille (Signaturen)

Die gesamten Geheimwissenschaften werden von zwei Hauptprinzipien beherrscht:

1. Die äußere Gestalt ist der sichtbare Ausdruck einer inneren unsichtbaren Idee. Der Inhalt bestimmt die Form. Der Geist beherrscht die Materie ... *und umgekehrt!* Diese These wird gewöhnlich gedankenlos und einseitig nachgebetet. Um sie zu stützen und zu beweisen, geht man von gegenwärtigen, *fertigen* Zuständen aus. Man vernachlässigt die Entwicklung. Man vergisst, dass jeder Inhalt etwas Individuelles ist, das nur aus einem generellen Aushalt seinen Ursprung genommen haben kann. Zuerst war das Ganze vorhanden, das unterschiedslose Kontinuum (Chaos). In und aus ihm spalteten und gestalteten sich die diskontinuierlichen Teile des Kosmos ab. Sie wurden von außen (von oben) geformt. Die Form stülpte sich ein und wurde zum individuellen Inhalt, der nun seinerseits – *aber erst sekundär!* – auf die äußere Form zurückwirkt. Obenan setzte schon *Agrippa* nach Platonischem Muster (Idee = Form) den *„Archetypus"*, das „Vorbild des Weltalls", jenseits der elementarischen (irdischen), himmlischen (astralen) und geistigen (spirituellen) Welt. Also das *primär* Gestaltende hat oder ist als Idee schon selber *Form*, Vor-Form, Vor-Bild.
2. Die obere und die untere Welt sind miteinander auf das innigste verknüpft und verkettet. Was oben verursacht wird, wirkt sich unten aus ... *und umgekehrt!*

Auch hier ist wieder die Umkehr der These, d. h. die *Rückwirkung* von unten nach oben, der spiegelbildartige Reflex, der schwerer begreifbare Teil. Dass z. B. die Gestirne alles Leben und Gedeihen bewirken, ist leicht zu verstehen. Aber dass umgekehrt auch der Weise (Magier) die Sterne beherrscht ... nicht etwa infolge seiner astrologischen Kenntnisse sich den astralen Einflüssen entzieht, sondern faktisch auf die Sterne selbst einwirkt (eventuell durch Vermittlung ihrer Geister) – das ist schon schwieriger einzusehen und zuzugeben. Für die magische Wirkung von unten nach oben bediente man sich nun gewisser äußerlicher Hilfs-, Zwischen- und Ersatzmittel, welche die *Zeichen und Charaktere* derjenigen oberen Regionen und höheren Potenzen trugen, die man beeinflussen wollte. Die magnetische Sympathie zwischen Oben und Unten band und bannte die himmlischen Kräfte in diese mit ihnen korrespondierenden irdischen Dinge. Solche Signa sind entweder *künstlicher* oder *natürlicher* Art. Die *künstlichen* Signa und Signacula können – vorausgesetzt, dass sie unter den notwendigen Kautelen, mit gehöriger Akkuratesse und peinlicher Akribie angefertigt werden – als vincula, als *Bindemittel* für die oberen und unteren Einflüsse dienen.

Die *natürlichen* Sigille dagegen können geradezu die ihnen korrespondierenden Potenzen vertreten; mindestens jedoch ihren Einfluss vorbereiten, erwecken und fördern; sie sind Hilfs- und *Ersatzmittel.* Also ein natürliches Geschöpf (Tier, Pflanze, Stein), das z. B. das Zeichen der Sonne hat, „solarisch" ist, besitzt dieselbe Kraft wie die Sonne, wenn auch in geringerem Grade. Hierüber spricht sich *Agrippa* im 33. Kapitel des I. Buches seiner okkulten Philosophie sehr klar aus. Er sagt dort auch, dass der Lorbeer, der Lotus und die Sonnenwende als Sonnenblumen in ihren Wurzeln und Knoten die Charaktere der Sonne zeigen. Jedoch erfordern die *natürlichen* Charaktere, Sigille und Signa – die „Signaturen" – ebenfalls eine gesonderte, durch Abbildungen veranschaulichte Darstellung.

7. Nachwort

Die vorliegenden, aus den „Magischen Blättern“ zusammengestellten Abhandlungen, bilden natürlich nur einen verschwindenden Bruchteil aus der Fülle des Stoffes, den eine „Heilige Mathesis“ dem Suchenden darbietet. Ein paar Brocken, die mir wert schienen, festgehalten zu werden, sollten dem zahlenphilosophischen Liebhaber nur einige Gesichtspunkte zeigen, von denen aus weitergeforscht werden kann. Wenn ich zur Demonstration und Beweisführung mich hauptsächlich des *Magischen Quadrats* und des Schachs, speziell des von mir seit 1907 propagierten *Raumschachs*, bedient habe, so liegt das an der vorzüglichen Eigenschaft dieser Instrumente für Zahlen- und Raumforschung. Zur Ergänzung muss ich auf meine übrigen Schriften verweisen.
Sollten Zeit und Umstände es erlauben, gedenke ich die „Beiträge zur Magie des Raumes und der Zahl“ fortzusetzen.

Der Verfasser

Weitere Bücher aus dem Bohmeier Verlag:

Liebes- und Krankheitsamulette - Talisman Turc
Ursprung und Wesen Magischer Quadrate

von Dr. Ferdinand Maack

ISBN 978-3-89094-612-2, 104 Seiten, Softcover, Format DIN-A5

Magische Quadrate und aus ihnen extrahierte Symbole kommen sehr oft auf Talismanen und Amuletten vor. Aber erst durch ihre Dechiffrierung gewinnen wir einen tieferen Einblick in die alte Wissenschaft der Talismanologie.

Ferdinand Maack erklärt die Ursprünge und die geschichtlichen Hintergründe, stellt unterschiedliche Quadrate dar und erläutert (dechiffriert) diese: So zum Beispiel das "Hexen-Einmaleins" aus dem Faust von Goethe, für das er verblüffende Erklärungen bereithält, oder für die "Sator-Formel". Durch seine Analyse werden Erkenntnisse vermittelt, die sonst nicht auf den ersten Blick zu erkennen aber wichtig für die eigene Entwicklung von Magischen Quadraten sind.

In diesem Buch finden Sie die tiefgründigen Möglichkeiten zur Erforschung der Talismane und Amulette.

Goethe als Okkultist

von Prof. Max Seiling

ISBN 978-3-89094-566-8, 128 Seiten, Softcover, Format DIN-A5

Über Goethe, den großen deutschen Dichterfürsten, meinen die meisten so gut wie alles zu wissen. Unzählige Publikationen gibt es über sein Leben, Analysen über seine Werke, und vieles mehr…

Den wenigsten ist aber bekannt, dass Goethe selbst in seinem Leben, oder durch Freunde und Verwandte (schon sein Großvater verfügte über die Gabe des Vorausschauens), viele okkulte Phänomene erfuhr: Träume die sich bewahrheiteten, dunkle Vorahnungen und Orakel, Gedankenübertragung und Telepathie, spukhafte Vorgänge deren Zeuge er wurde, Poltergeisteffekte, mystische Zustände und vieles andere ‚Unerklärliche' mehr. Das führte dazu, dass er sich ausführlich dem Thema "Okkultismus" widmete.

Viele seiner Werke greifen diese Erlebnisse und Geschehnisse auf. Belege für Goethes Glauben an magische Wirkungen findet man in vielen seiner Bücher. Zudem war er an den klassischen alten Wissenschaften mehr als interessiert: Astrologie, Chiromantie, Alchemie sind nur einige davon, und da erstaunt es auch nicht, dass Goethe Freimaurer und Illuminat war.

Max Seiling gibt einen phantastischen Überblick über Goethes okkultes Leben und Wirken, und lässt auch viele Bezüge zu dessen Werk nicht aus.

Die Elemente der Kabbalah

1.Teil: Theoretische Kabbalah; 2. Teil: Praktische Kabbalah

von Dr. Erich Bischoff

ISBN 978-3-89094-589-7, 232 Seiten, Softcover, Format DIN-A5

Die Kabbala (auch 'Kabbalah') überliefert die jüdische Geheimlehre und Mystik und die geheime Zahlen- und Buchstabensymbolik die jahrtausendelang nur mündlich überliefert wurde. Dabei geht es um die Vermittlung zwischen Gott und der sinnlichen Welt, die geistige Kräfte bilden, welche von Gott ausstrahlen.
Viele Bücher wollen uns die Kabbala näher bringen - und das nicht erst seitdem Madonna aller Welt eröffnet hat, dass die Kabbala ihre religiöse Grundlage sei.
Dieses vorliegende Werk von Dr. Erich Bischoff enthält ausführlich und eingängig das Basiswissen in theoretischer und praktischer Form.
Übersichtlich gegliedert und nachvollziehbar erläutert beschreibt er die Grundprinzipien, die auf den beiden Büchern "Jezirah" und "Sohar" beruhen und macht es uns dadurch sehr einfach, die Kabbala selbst zu erfahren und zu verstehen. Die Ursprünge der Kabbala waren schon vor etwa 5000 Jahren bei den alten Sumerern ausgebildet, den mesopotamischen Vorgängern und den antiken Babyloniern. Manches hiervon tritt uns im Alten Testament als Volksbrauch oder Volksanschauung entgegen, ungemein Vieles aber liegt in Talmud und Midrasch hier und da verstreut.
Nicht selten erscheint Praktisch-Kabbalistisches sogar in reiner Form und in reichem Maß im Althergebrachten, ohne dass wir normalerweise davon wissen.

Die Kabbalah - Einführung in die jüdische Mystik und Geheimwissenschaft

von Dr. Erich Bischoff

ISBN 978-3-89094-597-2, 96 Seiten, Softcover, Format DIN-A5

Erich Bischoffs umfangreicheres Studium der kabbalistischen Hauptwerke, des Sohar (selbstverständlich in der Ursprache), führte ihn zu einer tiefgründigen Auffassung des ungemein schwierigen Stoffes. Die Ergebnisse dieser Arbeit, die er schon in den Übersetzungen, Erläuterungen und Abhandlungen seiner zweibändigen Ausgabe der "Elemente der Kabbalah" für viele niederlegen konnte, ist auch diesem Buch zugutegekommen. Der Inhalt dieses Buches ist dadurch bedeutend, gehaltvoller und innerlich reicher, sowie gegenständlicher geworden. Er stellt die Kabbalah ausführlich in wissenschaftlicher Weise dar und macht sie für Anfänger verständlich, als auch Fortgeschrittene begreifbarer. Bischoff gibt die Lehre der Kabbala erheblich treuer und wesensechter wieder als viele andere Autoren.
Er zeigt auf, dass es in der "praktischen Kabbalah", um deren Anwendung in der Magie und um Kenntnisse über Mystik und Okkultismus geht, und beschreibt die praktische Anwendung für alle Interessierten so anschaulich, objektiv und unbefangen, dass sie sich fast von alleine schildert und erklärt.
Seine Bücher sind bis heute Standartwerke zur kabbalistischen Lehre, - der Lehre von der Wiederverkörperung der Seelen Verstorbener. Dieses Buch führt zu einem tiefen Verständnis dieser alten Unsterblichkeitslehre.

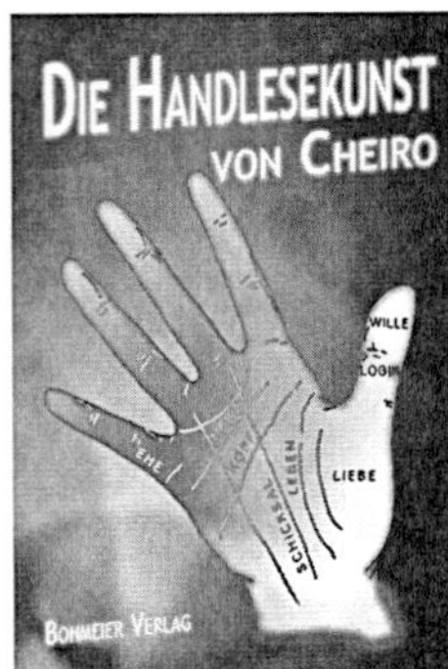
Die Handlesekunst
von Cheiro
Bohmeier Verlag

High werden ohne Drogen
Ein Bewusstseinserweiterndes Handbuch
von Frederick E. Dodson
Bohmeier Verlag

KRAFTTIERE
Die unsichtbaren Begleiter
von Tanja Schröder
Bohmeier Verlag

Das Geheimnis der Dualseelen,
Seelengefährten und Seelengeschwister
von Sandra Ruzischka
Bohmeier Verlag

Des Teufels Apokryphen
Zu jeder Geschichte gibt es zwei Seiten
von John A. De Vito
Bohmeier Verlag

Sternentore
Die rätselhafte seehste Dimension
von Dr. Carlos Calvet

Die Entsäuerung des Körpers
in 10 Schritten
Der ultimative Jungbrunnen und Schlankmacher!
Das Säure-Basen-Gleichgewicht
Anleitung zur Ausschwemmung krankmachender Säure
Bohmeier Verlag
von Patrizia Pfister

Die geheimen Botschaften,
Manuskripte und Schätze der Templer
in RENNES - LE - CHATEAU
Die Auflösung des kosmischen Geheimnisses
das bisher nur Eingeweihten vorbehalten war
von Monika Hauf

Das Buch der
Werwölfe
von Sabine Baring-Gould
Bohmeier Verlag

Küchenmagie
von Sor. Conata
Bohmeier Verlag